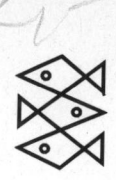

W0046927

Die Griechen pauschal Kaum etwas verbindet die Menschen mehr als die Bestätigung insgeheim gepflegter Vorurteile.

›Erkenne dich selbst‹ und ›Nichts im Übermaß‹ waren bereits als Mahnsprüche auf den Giebeln der Tempel der alten Griechen eingemeißelt. Die antiken Philosophen wußten, wovon sie sprachen: Selbstkontrolle gilt zwar als spartanische Tugend, aber den modernen Griechen ist sie unbekannt, ja unverständlich. Alles, was sie machen, machen sie extrem, egal ob es wichtig oder unwichtig, fröhlich oder traurig ist. Kein Gefühl ist intim genug, alles muß nach außen getragen werden. Die permanente Aufgeregtheit kennt keine Grenzen.

In dieser Serie: ›Die Amerikaner pauschal‹ (Bd. 13391), ›Die Australier pauschal‹ (Bd. 13491), ›Die Deutschen pauschal‹ (Bd. 13394), ›Die Engländer pauschal‹ (Bd. 13493), ›Die Franzosen pauschal‹ (Bd. 13393), ›Die Holländer pauschal‹ (Bd. 13494), ›Die Italiener pauschal‹ (Bd. 13395), ›Die Österreicher pauschal‹ (Bd. 13392), ›Die Schweizer pauschal‹ (Bd. 13492) und ›Die Spanier pauschal‹ (Bd. 13396).

Alexandra Fiada wurde in Athen geboren und lebt dort, wie auch etwa vierzig Prozent der übrigen Griechen. Sie arbeitet als Publizistin und als Herausgeberin einer Anzahl verschiedener Zeitschriften wie etwa *International History Magazine* und der griechischen Ausgabe von *Reader's Digest* sowie als Übersetzerin.

Die Griechen pauschal

Von Alexandra Fiada
Aus dem Englischen von Oliver Koch

Fischer Taschenbuch Verlag

Redaktion: Stefan Zeidenitz

Für Charles Haldeman,
der die Griechen so sehr liebte und verehrte.

Mit Dank an Manuela Berki
für ihre unschätzbare Hilfe.

Deutsche Erstausgabe
Veröffentlicht im Fischer Taschenbuch Verlag GmbH,
Frankfurt am Main, April 1998

Die englische Originalausgabe erschien unter dem Titel
›The Xenophobe's Guide to The Greeks‹
bei Ravette Books Ltd., Horsham
© Oval Projects Ltd., London 1994
© Fischer Taschenbuch Verlag GmbH, Frankfurt am Main 1998
Kartographie: formvorrat
Druck und Bindung: Clausen & Bosse, Leck
Printed in Germany
ISBN 3-596-13764-0

Inhalt

9   Nationalität & Identität
21   Klischee & Vorurteil
26   Werte & Wandel
29   Mitmenschen & Zeitgenossen
35   Sitten & Gebräuche
39   Kulte & Rituale
42   Freizeit & Vergnügen
50   Essen & Trinken
55   Kultur & Musik
62   Sprache & Wörter
66   Witz & Humor
69   Ausgesprochenes & Unausgesprochenes
76   Feiern & Feste
82   Gesundheit & Körperpflege
89   Organisationen & Institutionen
95   Staat & Verwaltung
103   Geschäfts- & Arbeitsleben

Fremd ist der Fremde nur in der Fremde
Karl Valentin

Die Anzahl der Griechen beträgt 10 ½ Millionen, im Vergleich zu 3 Millionen Albanern, einer bunt zusammengewürfelten Mischung aus Bulgaren, Griechen, Albanern, Serben, Türken und Roma von 2 Millionen in der Ehemaligen jugoslawischen Republik Mazedonien, 8 ½ Millionen Bulgaren und 61 Millionen Türken.

Nationalität & Identität

Vorwarnung

Wie man auf der Rückseite des Umschlags leicht nachlesen kann, lautet der Titel dieses Büchleins im englischen Original: *The Xenophobe's Guide to The Greeks*. Das Wort *Xenos* bedeutet im Griechischen sowohl Fremder als auch Gast. Sogar vor Homers Zeiten war die Gastfreundschaft nicht nur ein Ritual mit einem religiösen Beigeschmack, sondern bereits damals hatte sie sich auch zu einer besonderen Kunstform entwickelt. Die Griechen müssen demnach das erste fremdenfreundliche Volk gewesen sein – natürlich mochte man nur die Fremden, die sich von ihrer freundlichen Seite zeigten.

Andererseits bezeichnet das Wort *xenóphobos* im Griechischen den Griechen, der die Fremden, die sein Land besuchen, nicht leiden kann. Im Englischen hingegen hat der Begriff *xenophobe* eine allgemeinere Bedeutung und wird auch für den Reisenden verwendet, der die Fremden, auf die er zu treffen fürchtet, fürchtet. Dies ist – wenn man darüber nachdenkt – ein bißchen komisch, da es nicht nachvollziehbar ist, weshalb er jemals daran dachte, seine Heimat zu verlassen, wenn er sich vor Fremden fürchtet?

Aber gereist wird trotzdem – früher ebenso wie heute. Natürlich ist es erforderlich, daß man die Ängste der xenophoben Reisenden dämpft. Wenn es nach ihnen ginge, würden sie es vorziehen, die Reize und Schönheiten eines fremden Landes zu genießen, ohne sich mit dessen Bewohnern abgeben zu müssen.

Da solche Begnungen jedoch wie ein notwendiges Übel unvermeidbar sind, muß man sich zunächst darüber klarwerden, wie wichtig es ist, die Einwohner seines Reiselandes für sich einzunehmen. Dies ist dann recht einfach, wenn man erkannt hat, was die Griechen zu schätzen wissen. Wenn man sich in Griechenland aufhält, sollte man es sich abgewöhnen, auf alles Griechische herabzusehen, denn es bringt überhaupt nichts. Die Griechen ihrerseits haben nämlich eine Art, auf andere herabzusehen, in der sie nur schwer zu übertreffen sind.

Wie sie sich selbst sehen
Die Griechen sind der personifizierte Widerspruch, und nirgendwo wird dies so deutlich wie in ihrer Selbsteinschätzung. Wenn ein Grieche mit anderen Griechen über Griechen spricht, wird er sich in den meisten Fällen äußerst kritisch, ja geradezu abfällig darüber äußern, wie sich seine Landsleute in dieser oder jener Situation benommen oder eben eher: danebenbenommen haben. Seine Äußerungen werden von seinen Kumpeln mit heftigem zustimmenden Nicken quittiert, um weitere Allgemeinplätze, die in dieselbe Kerbe hauen, bereichert

und mit noch geringschätzigeren Bemerkungen gewürzt werden.

Gott erbarme sich aber des Fremden, der so unvorsichtig sein sollte, zu behaupten, daß die Griechen nicht das Volk seien, das das Salz dieser Erde bilde. Dieselben Griechen, die sich noch wenige Augenblicke zuvor gegenseitig aufs drastischste herabgesetzt haben, werden sich wie eine Tigerin, die ihre Jungen verteidigt, gegen ihn wenden. Sie werden alle die Sünden herunterbeten, die das Heimatland des Fremden dem geliebten Griechenland einmal zugefügt hat, indem entweder Hilfe verweigert oder eine Pflicht nicht erfüllt wurde. Hierbei spielt es keine Rolle, wie lange dieser Vorfall schon zurückliegt, möglicherweise in der Antike oder noch davor.

Dies soll aber nicht bedeuten, daß sich die Griechen ihrer Unzulänglichkeiten nicht bewußt sind; es ist vielmehr so, daß sie Fremden nicht das Recht zugestehen, diese anzusprechen. Sie werden gerade den von nordalpinen Völkern abstammenden Besuchern vorhalten, daß diese zu den Zeiten, als die Griechen bereits den Parthenontempel errichteten, noch mit Fellen bekleidet durch die Urwälder gestreift sind.

Die modernen Griechen klopfen sich auf die Schultern, – obwohl sie noch nicht einmal einen Bruchteil dessen fertiggebracht haben, was ihre Vorfahren geleistet haben –, einfach aufgrund der Tatsache, daß sie die vierhundertjährige türkische Zwangsherrschaft (eine der grausamsten in der Geschichte der Menschheit) überstanden haben, und dabei ihre nationale Identität, ihre Religion, ihre Bräuche und ihre Sprache weitestgehend intakt erhalten konnten.

Nachdem die Griechen auf die historischen Entwicklungsschübe der Renaissance, deren Grundlage freilich im klassischen Altertum in Griechenland gelegt wurden, verzichten mußten und das Zeitalter der Entdeckungen ebenso verpaßt haben wie die Aufklärung und die industrielle Revolution, wurden sie dann vor etwa hundertfünfzig Jahren kopfüber in die Neuzeit katapultiert und versuchen seitdem, einen Anschluß an den Westen zu finden.

Die Zeit, die der Befreiung von der türkischen Herrschaft folgte, muß für die Griechen traumatisch gewesen sein. Sie mußten sich damit begnügen, in einem Staat zu leben, der nicht einmal mehr ein Viertel seiner ursprünglichen Größe umfaßte und beständig am Rande des Bankrotts balancierte. Sie waren mit einem gewaltigen Minderwertigkeitskomplex gegenüber ihren Vorfahren aus der Antike und dem glanzvollen Byzanz behaftet, da es ihnen seit ihrer Befreiung nicht gelungen war, das »Groß-Griechenland« ihrer Vorväter wieder erstehen zu lassen.

In den Minderwertigkeitskomplex, den die Griechen gegenüber dem Westen haben, mischt sich auf kuriose Weise ein althergebrachtes Überlegenheitsgefühl. »Wir gaben dem Westen die Fackel der Erkenntnis, während wir selbst uns mit armseligen Talglichtern begnügen mußten«, ist eine der Lieblingsredewendungen in diesem Zusammenhang.

Die Griechen halten sich im übrigen für das intelligenteste und schlichtweg genialste Volk auf Erden, ganz zu schweigen von ihrer sprichwörtlichen Tapferkeit.

Um den griechischen Schriftsteller Nikos Demou zu

zitieren: »Wenn ein Grieche in den Spiegel sieht, sieht er sich entweder als Alexander den Großen oder als Theodoros Kolokotronis, den berühmtesten General im Unabhängigkeitskrieg, oder zumindest als Onassis. Niemals erkennt sich der Grieche im Spiegel als Karagiósis, die Hauptfigur des berühmten Schattenspiels (eine Art Kaliban, der aber nicht ganz so bösartig wie sein bekannterer Kollege aus Shakespeares *Sturm* ist). In Wirklichkeit ist der Grieche der heutigen Zeit ein Karagiósis, der davon träumt, wie Alexander der Große zu sein. Ein Karagiósis, der viele Schliche kennt, viele Gesichter hat, stets hungrig ist und sich nur auf einem Gebiet auszeichnet, der Schauspielerei.«

Wie die anderen sie sehen
»Wir sind alle Griechen«, behauptete der englische Dichter Shelley zu Beginn des neunzehnten Jahrhunderts, auf dem Höhepunkt der europäischen Antikenbegeisterung. »Unsere Gesetze, unsere Literatur, unsere Religion und die Kunst haben ihre Wurzeln in Griechenland.« Andererseits definierten bis vor kurzem Lexika der englischen Umgangssprache das Wort »Greek« als: Spieler, Falschspieler, Betrüger und Landstreicher. Diese merkwürdige Sprachentwicklung ist wohl auf die Zeit zurückzuführen, in der sich griechische Flüchtlinge nach der Eroberung Konstantinopels durch die Türken in alle europäischen Hauptstädte flüchteten und ihren Lebensunterhalt lediglich dank ihrer Gerissenheit verdienen konnten.

Diese Janusköpfigkeit des griechischen Wesens hat

Historiker und Reisende jahrhundertelang beschäftigt. Teils wurden die Griechen durch eine rosa Brille, teils durch dunkle, verzerrte Linsen wahrgenommen. Andere haben vom griechischen Volk überhaupt nichts gesehen, schrieben aber darüber, als würden sie es gut kennen.

Literarische Lorbeeren hat sich hingegen der Amerikaner Judge N. Kelly verdient, dem es gelang, all die griechischen Widersprüchlichkeiten auf die kürzestmögliche Formel zu bringen:

»Vor dem unbarmherzigen Tribunal der Geschichte hat sich der Grieche stets als den Umständen nicht gewachsen erwiesen, obgleich er in geistiger Hinsicht stets als überlegen angesehen werden kann. Der Grieche ist äußerst intelligent, aber auch recht eingebildet; lebhaft, aber auch desorganisiert; er hat einen ausgeprägten Sinn für persönliche Würde, steckt aber auch voller Vorurteile. Er ist hitzköpfig und ungeduldig, aber auch ein großer Kämpfer. (...) Im einen Augenblick kämpft er leidenschaftlich für die Wahrheit, im nächsten haßt er den Menschen, der sich weigert, eine Lüge zu verbreiten.

›Ein merkwürdiges Wesen, unbändig, wißbegierig, ein bißchen gut, ein bißchen schlecht, wankelmütig, egoistisch, teils töricht, teils klug – das ist der Grieche. Habe Mitleid mit ihm, bewundere ihn, wenn du willst; ordne ihn ein, wenn du kannst.‹«

Eine besondere Beziehung

Ein Amerikaner griechischer Abstammung verteilte sehr gerne Visitenkarten, auf denen in fetten Lettern folgender Text stand: »Ich mache lieber mit tausend Türken Geschäfte als mit einem einzigen Griechen.« Auf der Rückseite der Karte war die Bezeichnung seines Gewerbes in feinen Lettern gestochen: *Mike's Bestattungsinstitut.*

Bei der bloßen Erwähnung des Wortes »Türke« sträuben sich jedem noch so kosmopolitischen Griechen die Nackenhaare: Gegen die Türken als Individuen hat der Grieche wohl nichts – sein Haß gilt dem »Begriff« Türkei. Die Gründe dafür liegen auf der Hand: Seit der Zeit, als so viele Griechen nach dem Fall von Konstantinopel im Jahre 1453 niedergemetzelt wurden, hatten sie ein Übermaß an türkischer Herrschaft zu erdulden.

Während der gesamten Epoche der türkischen Herrschaft haben sich immer wieder Verbände von weißberockten Widerstandskämpfern zusammengefunden, die üblicherweise in den Bergen hausten und eine erfolglose Revolte nach der anderen anzettelten.

Erst im Jahre 1821 hatten sie Glück. Es gelang ihnen, einen Teil des alten Griechenland zu befreien, wenn sie auch einen hohen Preis dafür zahlen mußten. »Lieber eine Stunde in Freiheit«, lautet ein Vers der Revolutionshymne »als vierzig Jahre in Fesseln.« Ihr Schlachtruf: »Freiheit oder Tod« klingt noch heute in den Ohren der Griechen. Kriegslieder dröhnen an den gefühlsbeladenen Gedenktagen aus sämtlichen Radios.

In einem zweiten Schlag gegen die Türken gelang den Griechen die Befreiung von Epirus, Mazedonien und

Westthrakien. In dem darauffolgenden Jahrzehnt erfochten die Griechen noch manchen Sieg gegen die Türken.

Kein Glück hatten die Griechen allerdings im Griechisch-türkischen Krieg 1921/22 gegen die sich inzwischen zur Republik wandelnde Türkei. Er endete mit einer vollständigen Niederlage – eine Million Tote und anderthalb Millionen Flüchtlinge.

Die heutigen Griechen verhalten sich nicht nur so, als sei dies alles erst gestern passiert, sondern schieben auch all ihre eigenen Schwächen und Unzulänglichkeiten auf die Zeit der Türkenherrschaft.

Nur allzu gerne würden sie natürlich jede Möglichkeit ergreifen, »die verlorene Heimat« wiederzugewinnen, koste es, was es wolle. Natürlich würden auch die Türken nur allzu gerne ihr Osmanisches Reich wiederaufleben lassen, und folglich kann man sich vorstellen, daß die griechisch-türkischen Beziehungen nicht anders als – zumindest – gespannt sein können.

Wie sie die anderen sehen
Außer gegen die Türken hegen die Griechen keine unguten Gefühle gegen irgendein anderes Volk.

Allerdings sind die Griechen weder auf die Bulgaren noch auf die anderen slawischen Völker an ihren nördlichen Grenzen sonderlich gut zu sprechen, insofern diese sich nicht mit den Territorien zufriedengeben, die die Griechen bereits abgetreten haben, sondern auch noch die Absicht äußern, sich nach Süden bis zur Ägäis hin ausdehnen zu wollen.

Auch gegenüber den Albanern hegen die Griechen nicht gerade Gefühle innigster Sympathie, da diese aus dem Bürgerkrieg Nutzen gezogen und den Norden von Epirus, wo nach wie vor eine halbe Million Griechen leben, hinter den Eisernen Vorhang gezogen haben.

Wenn sie andere Völker abschätzig erwähnen, haben die Griechen stets den Sammelbegriff *coutófragi* (diese törichten Franken) parat, womit alle Völker der westlichen Welt gemeint sind. Aller Wahrscheinlichkeit nach ist diese Bezeichnung auf die Zeit des Vierten Kreuzzugs im 13. Jahrhundert zurückzuführen, als »fränkische« (sprich: katholisch-abendländische Heere) Griechenland besetzten – ein ziemlich frontaler Zusammenstoß der Kulturen, da die ungeschlachten, eisengepanzerten Ritter aus dem mittelalterlichen Nordeuropa auf das äußerst kultivierte Byzantinische Reich stießen und ohne lange zu fackeln alles in Schutt und Asche legten, was sie nicht verstanden.

Aus späteren Zeiten stammen weitere Allgemeinplätze: die Türken sind *boudaládes*, was soviel wie dick und dumm bedeutet; für sie ist auch die Bezeichnung *ápisti* im Umlauf: Ungläubige. Die slawischen Völker, insbesondere die Bulgaren, werden als *gourounomítes* verhöhnt: Schweinenasen. Beschimpft werden sie auch als *kommitadzídes* nach den besonders blutrünstigen Räubern, die um die Jahrhundertwende Mazedonien durchstreiften und die dort lebenden Griechen, die damals noch unter türkischer Herrschaft standen, zu zwingen versuchten, sich als Bulgaren zu bekennen.

Wie auch im deutschen Sprachgebrauch sind alle Italiener *macaronádes*, Spaghettifresser, also zu nichts nutze. Hierbei erinnern sich die Griechen gerne an den Zweiten Weltkrieg, in dem sie die Italiener nachhaltig besiegt haben. Die Franzosen sind durch die Bank weg – je nach Geschlecht – entweder Gigolos oder Kokotten oder auch »gerissene Diplomaten« (was nicht als Kompliment gemeint ist). Deutsche gelten als Arbeitstiere, Iren als Whiskeysäufer und Schotten als Geizhälse. Dies haben sie mit den Juden gemeinsam, die darüber hinaus aber auch hervorragende Geschäftsleute sind.

Spanier sind leidenschaftliche Liebhaber, Ägypter ungebildete Fellachen, Araber sind Beduinen, die ihren Gästen die Finger einzeln stehlen, wenn man sich zur Begrüßung die Hände schüttelt. Ganz Afrika ist von faulen *arapádes* bevölkert, mit denen man unartige Kinder erschrecken kann. Amerikaner sind so naiv, daß man sie nach Strich und Faden ausnutzen kann. Russen werden *hahólí* genannt, was soviel bedeutet wie träge Fleischberge. Chinesen sind für die Griechen ebenso undurchschaubar wie ihre Sprache. So wie wir im Deutschen manchmal sagen: »Das kommt mir alles recht spanisch vor«, gebrauchen die Engländer die Redewendung: »Das kommt mir alles recht griechisch vor.« Die Griechen benutzen natürlich nicht diese Redewendung: Ihnen kommt alles chinesisch vor.

Die Engländer kommen in dieser Klassifizierung noch relativ gut davon. Sie sind »Lords« oder »Gentlemen«, der Inbegriff von Pünktlichkeit.

Der Rest der Welt kann den Griechen gestohlen bleiben.

Trotz aller Vorurteile ist es jedoch erstaunlich, daß die

Griechen kein Volk ausersehen haben, auf dessen Kosten sie ihre Witze machen. Bei ihren Scherzen bleiben sie unter sich. Jede Provinz spottet über die Nachbarprovinz, jedes Dorf über das Nachbardorf, jede Insel über die Nachbarinsel. Die Kreter machen sich über die Peloponnesier lustig, die Mazedonier über die Rumelioten, die Epiroten über die Thessalier, die Inselgriechen über die Festlandgriechen, die Athener über den ganzen Rest. Dies ließe sich noch endlos fortsetzen, bis jeder Felsbrocken und jeder Weiler aufgeführt ist.

Die Art von Witz, die weltweit gängig ist und sich auf den (vermeintlich) niedrigen Intelligenzquotienten irgendeines Volkes bezieht, richtet sich in Griechenland auf die Griechen aus Pontos, also die Flüchtlinge aus den Städten vom Schwarzen Meer.

Frage:Warum beging eine Prostituierte aus Pontos nach zwanzigjähriger Tätigkeit Selbstmord?
Antwort: Weil sie herausgefunden hat, daß die anderen Prostituierten für ihren Job bezahlt werden.

Oder eine Ansage in einem Flughafen:
»Die Passagiere aus Pontos werden gebeten, keine Körner auf die Landebahn zu streuen. Der große Vogel kommt auch so herunter.«
Die griechischen Zigeuner bilden wegen ihrer Neigung zum Diebstahl, zum Hausieren, ihrer unzähligen Kinder und ihrem unsagbaren Schmutz eine andere Zielgruppe des Spotts.
»Weib«, erkundigt sich der Zigeuner bei seiner Gattin als er im Rückspiegel seines Datsun Pick-up beobach-

tet, daß einer seiner Jungen von der Ladefläche ge-
stürzt ist, »sollen wir anhalten oder soll ich dir einen
neuen machen?«

Klischee & Vorurteil

Der Charakter der Griechen kann – bis zurück in Homers Zeiten – am besten als schizophren bezeichnet werden.
   Weder die Erziehung noch die Herkunft, noch der Reichtum prägen den griechischen Menschen nachhaltig. Noch bedeutet das Fehlen gerade dieser drei Attribute, daß man automatisch einen kümmerlichen Wicht oder sozialen Außenseiter vor sich hätte. Unabhängig davon, ob sich der griechische Mensch auf einem herausragenden oder unbedeutenden Lebensweg befindet – er kann sowohl die Seele eines Alexander des Großen (edel, tapfer, aufrichtig, warmherzig, intelligent, aufgeschlossen, großzügig) besitzen oder die des kobolhaften Unholds Kaliban (gemein, listig, eigensüchtig, geschwätzig, eingebildet, faul, neidisch, habgierig) oder beide.

Individualität
Ausgeprägte Individualität ist der Hauptcharakterzug der Griechen. Das macht jeden Versuch, die Griechen als Volk in eine oder mehrere Schubladen zu stecken und diese mit Etiketten zu versehen, von vornherein unmög-

lich. Bei jeder Gelegenheit stellen die Griechen ihr aufgeblasenes Ego in den Vordergrund, weswegen jedes Vorhaben, das einen gewissen Gemeinschaftsgeist erfordert, von Anfang an zum Scheitern verurteilt ist, es sei denn, es bestünde angesichts einer nationalen Katastrophe Gefahr im Verzug; nur in einem solchen Fall finden sie sich zu einer seltenen gemeinsamen Anstrengung zusammen. Den Griechen ist eine besondere Vorliebe für ihre unbeschränkte Entschließungsfreiheit zu eigen. Deshalb haben sie die Umgehung von Gesetzen und Vorschriften zu einer besonderen Kunstform erhoben und können mit Begriffen wie »Disziplin«, »Koordination« oder »Systematik« nichts anfangen.

»Ich« ist das Lieblingswort der Griechen. Wenn ein Grieche die rhetorische Frage stellt: »Weißt du überhaupt, wer ich bin?« ist es eigentlich unverkennbar, daß er sich für den Nabel der Welt hält. Ein alter Einwohner aus Delphi formulierte dies einmal in sehr einfachen Worten: »Die Erde ist das Zentrum des Universums. Griechenland ist das Herz der Welt. Delphi ist der Mittelpunkt Griechenlands und der Nabel der Welt. Da ich das Gemeindeoberhaupt von Delphi bin, bin ich also der Mittelpunkt des Universums.«

Gefühlsausbrüche

Extrem launisch und wechselhaft – das quirlige Temperament der Griechen wird während der Wachstunden ungezügelt ausgelebt. Dies ist wahrscheinlich die Ursache dafür, daß die Philosophen der Antike es für notwendig erachteten, Maximen wie: »Nichts im Übermaß« und »Erkenne dich selbst« beiderseits des Portals zum Delphischen Orakel einzumeißeln, um ihre Mitbürger aufzufordern, ihre Emotionen zu zügeln.

Diese Maximen wurden aber weder damals noch werden sie heute beachtet. Von Achilles (dessen Zorn so viel unnötige Schlächterei im Schatten der Burgmauern von Troja verursachte) bis zu Admiral Miaoulis im 19. Jahrhundert (dessen Temperament so hoch aufflammen konnte, daß er es sogar fertigbrachte, die griechische Flotte nur deshalb in Brand zu stecken, weil er mit seiner Regierung über Kreuz war) lassen die Griechen ihren Emotionen freien Lauf und pfeifen auf die Konsequenzen ihres Handelns.

Selbstbeherrschung – obwohl sie von den Spartanern in der Antike erfunden wurde – ist ein geistig-moralisches Konzept, das den Griechen von heute nicht nur nicht bekannt ist, sondern ihnen auch vollkommen unverständlich wäre. Sie sind in jeder Hinsicht hitzig: Ob in Freud und Leid, sie kennen kein Maß. Sie schreien und kreischen, sie zetern und schimpfen gleichermaßen aus wichtigem und aus unwichtigem Grund – im Glück und im Unglück. Keine Gefühlsregung scheint es ihnen wert, für sich behalten zu werden. Die permanente Aufregung kennt keine Grenzen.

Dieser Überschwang geht oft mit dem brennenden Bedürfnis einher, ihm in irgendeiner Form körperlichen Ausdruck zu verleihen. Auf der ganzen Welt tanzen die Menschen, wenn sie glücklich sind. Die Griechen bringen es aber auch fertig, in größter Not und Verängstigung aufzustehen, zu tanzen und so in einem feierlichen und herzzerreißenden Rhythmus ihr Herz zu befreien. Dies anzusehen ist so beeindruckend, daß ein expressionistisches Ballett wie ein Kindergarten-Ringelreihen anmutet.

»Ich habe den Teufel in mir«, erklärt Alexis Sorbas in dem gleichnamigen Roman von Nikos Kazantzakis. »Jedesmal wenn mein Herz zu bersten droht, befiehlt es mir: Tanze! Und dann tanze ich auch. Im Nu ist dann jeder Verdruß vergessen.«

Gleichgültigkeit

Auf der Medaille des griechischen Charakters wird die Kehrseite zu der ungestümen Heißblütigkeit von ihrer geradezu eiskalten Gleichgültigkeit gegenüber allen Angelegenheiten des öffentlichen Lebens oder Fragen von übergeordnetem Interesse gebildet. Die Redensart: »Vergiß es, Bruder! Ich werde doch nicht meinen Kopf hinhalten, um das Römische Reich* zu retten«, ist recht geläufig. Darin kommt die weitverbreitete und überaus betonte Unwilligkeit der Griechen zum Ausdruck, sich für irgend etwas einzusetzen, was außerhalb ihres persönlichen Lebenskreises liegt oder keinen persönlichen Vorteil verspricht.

* In der Umgangssprache bezeichnen sich die Griechen noch immer als Römer. Dies ist auf die Zeit zurückzuführen, in der das Byzantinische (griechisch-oströmische) Reich der einzige Nachfolger des Römischen Reiches der Antike war und immerhin tausend Jahre nach der Auflösung seiner westlichen Hälfte Bestand hatte – dies ist eine Tatsache, die man im übrigen Europa kaum fassen kann.

Es gibt ein sehr populäres Lied, das diesen Charakterzug in seiner Schlußzeile mit folgenden Worten zum Ausdruck bringt: »Tja, wir sitzen im Kafeníon bei Zigaretten, Kaffee und unseren Spielkarten und machen uns um nichts, aber auch um gar nichts Gedanken, Bruder.«

Unsicherheit

Nach einer internationalen statistischen Erhebung besteht bei dem typischen Griechen der höchste Unsicherheitsfaktor in der Welt. Er fürchtet, sich so zu sehen, wie er wirklich ist. Er fürchtet sich außerdem davor, die Verantwortung für sein Handeln zu übernehmen. Dies hat zur Folge, daß ihm die Fähigkeit, über sich selbst zu lachen, vollkommen abgeht. Hinter einer Fassade pompösen Gehabes sucht der Grieche seine Unzulänglichkeiten, seine Selbstzweifel und seine Unsicherheit um jeden Preis zu verbergen. Die Vorstellung, daß er nicht ernst genug genommen werden könnte, ist ihm ein Graus. Je mehr Qualitäten er bei sich selbst vermißt, um so wichtigtuerischer ist sein Auftreten. Zwei Drittel der Griechen begraben ihre Spontaneität unter mehreren Schichten aus unpassender Wohlanständigkeit, weil sie von dem Gedanken: »Was werden die anderen über mich sagen?« verfolgt werden.

Werte & Wandel

Champagnerlaune

Die Griechen genießen ihr Leben in vollen Zügen. Sie wollen ihren Spaß haben, sie wollen hier und jetzt und vor allem so leben, daß sie sich nicht weiter anstrengen müssen, und scheren sich einen Teufel um das, was morgen kommt.

Es kommt durchaus vor, daß ein Grieche sein ganzes Monatsgehalt für ein einziges Festmahl ausgibt. Daß er dann für den Rest des Monats keinen Pfennig mehr in der Tasche hat, stört ihn nicht, und man wird auf seinem Gesicht stets ein zufriedenes Lächeln finden.

Die Griechen haben die einzigartige Fähigkeit, ihre Freude auch noch in Situationen zu haben, in denen Nichtgriechen in tiefste Verzweiflung versunken wären. Ihr unerschütterlicher Optimismus wird in der bekannten Redensart: »Der Herrgott wird schon für uns sorgen« zusammengefaßt. Wörtlich übersetzt heißt der Ausspruch, daß Gott bereits vorgesorgt hat, was die respektlose Retourkutsche nach sich zieht: »Aber Er enthält es uns vor«.

Aus der Zeit der türkischen Herrschaft erzählt man sich noch heute folgende Geschichte: Ein Grieche wettete mit einem türkischen Kadi (Richter), daß es ihm innerhalb eines Jahres gelänge, seinem Esel das Lesen und Schreiben beizubringen. Als Preis für diese erstaunliche Leistung wurden tausend Goldstücke vereinbart, sollte der Grieche sein Versprechen aber nicht halten können und bliebe der Esel ein Analphabet, sollte er seinen Kopf verlieren. Auf diese Wette hin borgte sich der Grieche Geld, heiratete ein hübsches Mädchen und gab von nun an ein Fest nach dem anderen. »Willst du nicht allmählich einmal anfangen, dich mit dem Esel zu beschäftigen?« erkundigte sich ein besorgter Freund.

»Pah«, antwortete der Grieche. »Nächstes Jahr sind entweder der Esel oder der Kadi tot. Sie sind beide alt ...«

Wenn ich einmal reich wär

Die Lieblingsvorstellung des modernen Griechen ist, möglichst schnell und möglichst leicht – am besten, ohne dabei einen Finger zu rühren – möglichst viel Geld zu verdienen. Aber es käme ihm nie in den Sinn, seinen Reichtum zu horten. »Denn schließlich«, so pflegen sie zu sagen, »hat das Totenhemd keine Taschen.«

Der Grieche möchte viel Geld besitzen, um es so spektakulär wie möglich auszugeben – teure Autos, glänzende – und natürlich echte – Juwelenklunker, Designermode, Pelzmäntel, ein Landhaus und körbeweise Blumen, mit denen er die Darstellerinnen in den Nachtclubs, in denen er seinen Stammplatz hat, die er besucht, überschütten kann. Alles andere – eine erfolg-

reiche Karriere, eine glückliche Ehe, eine Familie –
kommt erst an zweiter Stelle.

Ein alter Mann aus Kreta faßte diesen Traum einmal in
einfachen und schlichten Worten zusammen, als er einer
fröhlichen Gesellschaft zuprostete: »Auf unsere zukünfti-
gen Vergnügungen, Freunde. Auf daß wir von hübschen
Mädchen entführt werden, die viel Geld und ein kurzes
Leben haben.«

Selbstachtung

Philótimo ist ein Begriff, den die Griechen vor allen anderen Werten besonders hoch achten. Er setzt sich aus
Selbstachtung und der Liebe zur Ehrbarkeit zusammen,
aus der Achtung vor sich selbst und vor anderen und
schließlich aus dem Sinn für Fairneß und Pflicht. Gewöhnlich reicht es aus, auf *philótimo* zu verweisen,
damit ein Grieche über sich selbst hinauswächst. Eine
Verletzung des *philótimo* entspricht dem orientalischen
Gesichtsverlust: ein schwerwiegendes Vergehen, das
nach Genugtuung schreit.

Mitmenschen & Zeitgenossen

Man darf seine Oma nicht aus dem Zug stoßen
Bei den Griechen sind die Familienbande so stark, daß
es durchaus nicht ungewöhnlich ist, daß drei oder sogar
vier Generationen in derselben Wohnung hausen oder,
was die Regel ist, in Hörweite – bei den Griechen sollte
man besser sagen: Schreinähe – zueinander leben.

Trotz des bei den Griechen üblichen Machogehabes
ist in acht von zehn Fällen, besonders in den Städten, die
Ehefrau bzw. Mutter (*Mamá* auf Griechisch) das unbe-
strittene Familienoberhaupt. Immerhin darf der Mann
den Familiennamen beitragen.

Wer die malerischen Fotografien betrachtet, auf denen
griechische Bäuerinnen zu sehen sind, die mit einem
großen Stapel Feuerholz auf dem Buckel fügsam und in
gebührendem Abstand hinter ihrem Mann hergehen, der
auf einem Esel stolz voranreitet, könnte leicht zu der Ansicht gelangen, daß es den griechischen Frauen nur wenig bessergeht als den Frauen in den islamischen Ländern. Wie bei vielen anderen Dingen des griechischen
Lebens kann der erste Anschein trügerisch sein.

Die gut verhüllte Wahrheit besteht darin, daß die
Mehrheit der griechischen Männer unter den Krallen

29

ihrer Tigerinnen lebt – sie würden aber lieber sterben, als dies zuzugeben. Sogar gut verdienende Junggesellen mittleren Alters, die längst ihre eigene Wohnung haben, statten beinahe täglich der *Mamá* einen Besuch ab, um bei ihr eine wohlzubereitete Mahlzeit einzunehmen und die gebügelten Hemden abzuholen.

Der Grieche männlichen Geschlechts ist der unerschütterlichen Auffassung, daß seine Mutter die beste Köchin ist. Aus diesem Grund haben die Griechen bei der Brautschau die Tendenz, sich ein Mädchen unter seinesgleichen auszusuchen. Dementsprechend hat das griechische Sprichwort, wonach die Ehefrau stets der Schwiegermutter gleicht, auch heute noch seine Bedeutung. Griechische Ehefrauen streben daher zeit ihres Lebens danach, ehrfurchtgebietende Schwiegermütter zu werden.

Traditionell ist der Respekt gegenüber den älteren Familienmitgliedern sehr hoch. Selbst wenn sie nicht mehr die Geschicke der Familien leiten, wie sie dies früher taten, werden sie mit Liebe behandelt, und ihren Wünschen geben die Kinder in den meisten Fällen nach. Das mag natürlich auch damit zusammenhängen, daß die älteren Familienmitglieder bisweilen nicht unerhebliche staatliche oder gewerkschaftliche Altersrenten in die Familienkasse einfließen lassen. Aber selbst wenn die Senioren keine finanzielle Unterstützung einbringen können, ist den Kindern dennoch bewußt, daß sie von frühester Jugend an bis weit in ihr Erwachsenendasein hinein alles auf einem Teller serviert bekamen, und sie fühlen nun eine unausweichliche Verpflichtung, ihre Eltern im hohen Alter zu versorgen.

Und ganz nebenbei: Was würden die Nachbarn sagen, wenn dem nicht so wäre? Man würde sagen, daß dies Leute ohne jegliches *philótimo* seien.

König Herodes hätte keine Chance gehabt

Von griechischen Kindern halte man sich besser fern. Sie haben entweder engelsgleiche oder niedliche spitzbübische Gesichtchen, aber in der Regel sind sie verwöhnte, stürmische, nervtötende kleine Zeitbomben, die es spielend leicht fertigbringen, ein Zimmer auf den Kopf zu stellen, schneller als jedes Abrißkommando. Auch wenn ihre Eltern sie anschreien (vorzugsweise dann, wenn jedermann sonst in Hörweite sich gerade in süßesten Schlaf gewiegt hat), verwöhnen sie sie nach Strich und Faden, selbst wenn die lieben Kleinen die unverschämtesten Wünsche äußern.

Dies hat natürlich zur Folge, daß die meisten Kinder alle schlechten griechischen Charaktereigenschaften in sich vereinigen, während ihnen die guten zunächst fehlen. Glücklicherweise werden die Kinder schon in jungen Jahren durch den Konkurrenzkampf untereinander, durch eine höhere Schulbildung, den Drill in der Armee und die normative Kraft des Faktischen im Arbeitsalltag zurechtgestutzt und entwickeln dann auch Qualitäten, die man bei ihnen nicht vermutet hätte.

Wie nicht anders zu erwarten, werden Jungen stärker verwöhnt als Mädchen und verhalten sich auch entsprechend übler. Da sie den Familiennamen fortführen, ist nichts gut genug für sie. Zudem wird das Ammenmärchen, daß jedes Verbot in der Jugend einen Mann impotent machen kann, noch immer sehr beherzigt. Als Erziehungsmittel werden zwar reichlich Kopfnüsse, langgezogene Ohren und leere Drohungen (»Ich werde dir die Haut bei lebendigem Leib abziehen«) eingesetzt, zu einer wahren Disziplin führen sie aber auch nicht.

Die Griechen beten ihre Kinder an und sorgen so lange sehr großzügig für sie, bis diese selbst einem als sicher geltenden Beruf nachgehen oder heiraten. Das Verhältnis zu den Eltern bleibt in der Regel zeitlebens, was auch immer geschehen mag, eng und unbeschwert und wird nicht auf das Niveau höflicher Bekanntschaft hinuntergeschraubt, wie es sonst vielerorts üblich ist.

Kleine Details
Die Griechen gehören zu den wenigen Völkern in der Welt, die keine Rassenproblematik kennen. Sie können ganz harmlos rassistische Witze erzählen, weil ihnen die Pointe so gut gefällt, ohne sich die Vorbehalte, die in diesem Witz zum Ausdruck kommen, zu eigen zu machen.

Die Griechen des klassischen Altertums pflegten zu sagen: »Wer kein Grieche ist, ist ein Barbar.« Isokrates, der berühmte Redner aus dem dritten Jahrhundert vor Christus, stellte jedoch fest: »Wir nennen alle diejenigen Griechen, die mit uns dieselbe Kultur teilen.«

Auch die neuzeitlichen Griechen denken noch so.

Sehr viele Ausländer leben und arbeiten in Griechenland (etwa die Hälfte hat noch nicht einmal eine Arbeitsgenehmigung). Hierzu gehören Austauschstudenten, politische Flüchtlinge oder Touristen, die für vierzehn Tage kommen wollten und nach zehn Jahren noch immer da sind.

Die Griechen unterscheiden nicht zwischen ethnischen oder religiösen Gruppen – sie tun eher das Gegenteil; sie gehen denjenigen, »die anders sind«, entgegen, damit diese sich mehr wie zu Hause fühlen. Das bedeutet jedoch nicht, daß der Türsteher in einem schicken Nachtclub jedermann den Zutritt gestattet, wenn der sich ganz offensichtlich einen solchen Besuch nicht leisten kann oder den Eindruck erweckt, er wolle für Ärger sorgen.

Ein Hundeleben

Man kann den Griechen gewiß vieles nachsagen oder unterstellen, aber eines sind sie gewiß nicht: Tierfreunde. Natürlich gibt es durchaus etliche alte Jungfern, die einen Großteil ihres mageren Einkommens für ein ganzes Haus voller streunender Katzen oder Hunde ausgeben. Aber in der Regel sind Haustiere einzig und allein Spielzeuge der Upperclass und derjenigen, die deren Lebensstil kopieren wollen.

Der Durchschnittsgrieche liebt in der Regel nur die Tiere, die ihm nützlich sind. Selbst wenn sie aber doch Haustiere halten, würden sie es niemals zulassen, daß eine Katze oder ein Hund bei ihnen mit im Bett schläft oder im Haus herumläuft. In den Städten fürchtet man sich vor der Tollwut, obwohl seit Jahrzehnten keine derartige Erkrankung mehr festgestellt werden konnte. Deshalb warnen übermäßig besorgte Mütter ihre Kinder nach wie vor, wenn diese sich einem »verlausten Köter« nähern.

Sitten & Gebräuche

Indem sie das Wort »Freiheit« bisweilen fehlinterpretieren, verwechseln die Griechen oftmals gute Manieren mit unterwürfigem Verhalten (das sie unter der türkischen Oberherrschaft an den Tag legen mußten, um zu überleben). Die Folge davon ist, daß die Griechen viele Erscheinungsformen der Höflichkeit für Sklaventugenden halten.

Wenn man diese Einstellung zu dem gänzlichen Fehlen von Disziplin hinzuaddiert (die ihnen von Kindesbeinen an regelrecht aberzogen wird), ist es nicht erstaunlich, daß gutes Benehmen bei den Griechen keinen hohen Stellenwert hat und nicht zu ihren Stärken gehört. Hinzu kommt der latente Wunsch, alles Hervorragende auf das allgemeine Niveau herunterzubrechen, und die generelle Neigung, die Standards abzusenken, da es ja stets bequemer ist, sich auf die nächstniedrigere Stufe zu begeben, anstatt nach Höherem zu streben.

In Griechenland gibt es kein Klassensystem mit starr definierten Grenzen wie etwa in England. Es gibt zwar unterschiedliche Schichten, die sich aber ganz zwanglos untereinander vermischen, so daß einem Besucher eklatante Beispiele für schlechtes Benehmen durchaus dort entgegenschlagen können, wo man sie am allerwenigsten vermutet hätte. Ein gutes Elternhaus und eine teure Schule gelten nicht unbedingt als Voraussetzung für eine bestimmte gesellschaftliche Position, die auch »gewöhnlicheren« Zeitgenossen zugänglich ist; der Begriff »gesellschaftlicher Emporkömmling« ist so gut wie unbekannt,.

Seitdem Adelstitel von der griechischen Verfassung abgeschafft wurden, setzt sich die Oberschicht Griechenlands aus Neureichen zusammen, die erst seit sehr kurzem unter besonders glücklichen Umständen leben, und aus solchen Neureichen, die ihren Reichtum schon seit etwas längerer Zeit horten. Dieser sich blähende soziale Hefeteig enthält auch eine Reihe von Intellektuellen, Wissenschaftlern, Künstlern, Topmanagern und Politikern als Treibmittel.

Einige wenige Repräsentanten der wirklich alten ersten Familien krönen diesen gesellschaftlichen Kuchen (soweit sie sich dies überhaupt noch leisten können) eher im dekorativen Sinne wie buntgefärbte Belegkirschen. Die Mehrzahl der alten Familien, die auf Ahnen am byzantinischen Hof, das venezianische *Libro d' Oro* oder mächtige Großgrundbesitzer beziehungsweise große Militärs zurückblicken können, sind inzwischen – besonders in finanzieller Hinsicht – zur Mitte des Gesellschaftskuchens abgesunken. Auch wenn sie durchaus noch recht zahlreich sind, so viele, daß sie einen merkbaren Einfluß auf die namen- und manierenlose Masse ausüben könnten, sind es nun doch nicht.

Die griechischen Manieren lassen sich daher am freundlichsten noch mit dem Wort »lässig« beschreiben.

Händeschütteln ist nur üblich, wenn sich Personen zum ersten Mal vorgestellt werden. Freunde begrüßen sich mit: »*Yia sou*« (Alles Gute) und küssen sich gegenseitig auf beide Wangen – Alter oder Geschlecht spielen hierbei keine Rolle. Verbeugungen und Handküsse sind den Priestern der griechisch-orthodoxen Kirche vorbehalten.

Ordentliches Schlangestehen ist in Griechenland praktisch unbekannt. Die Menschen bewegen sich sehr aggressiv, gleichgültig ob sie gehen oder Auto fahren. Sie scheinen nicht den geringsten Gedanken an die körperliche Unversehrtheit, das Wohlergehen oder das Ruhebedürfnis ihrer Mitmenschen und Nachbarn zu verschwenden. Man darf nicht allzuviel »Bitte« oder »Danke« erwarten oder etwas, was an Pünktlichkeit erinnert, und was man von einem Griechen überhaupt nicht erwarten darf, ist, daß er in einer kniffligen Situation einen kühlen Kopf behält. Wer das in Griechenland wider alle Erwartung dennoch fertigbringt, wird es für den Rest seines Lebens – sofern er dann überhaupt noch lebt – zu bereuen haben.

Bei Tisch
Griechische Tischmanieren lassen sehr zu wünschen übrig.

Die Ellbogen schwingen, wohin sie gerade mögen, selbst wenn sie im Brot- oder im Salatteller landen. Beim Zerteilen von Speisen stehen sie mitunter in Schulterhöhe vom Körper ab. Daß die Finger ihren direkten Weg auf den Teller finden, ist auch nicht gerade streng untersagt, und selbst in teuren Restaurants sieht man die Besucher die Knochen abnagen. Eine gemeinsame Platte mit Vorspeisen oder Salat für alle Gäste am Tisch ist nichts Ungewöhnliches. Ebensowenig findet jemand etwas dabei, ein Stück Brot in die auf dieser Platte verbliebene Sauce zu tunken und dies dann tropfend aus der Hand zu essen. Viele Menschen beherrschen die Kunst, auf ihrem Essen zu kauen und gleichwohl den Mund geöffnet zu lassen, und noch mehr können sich während der Kauens sogar an der Konversation bei Tisch beteiligen.

Was den Griechen an Tischmanieren fehlt, gleichen sie durch ihr lebhaftes Temperament und ihre überbordende Gastfreundschaft aus. Selbst beim formellsten Abendessen kann man darauf vertrauen, daß die Runde spätestens beim zweiten Gang in fröhliches Gelächter ausbricht, sofern nur ein paar Griechen mit am Tisch sitzen.

Kulte & Rituale

Die Jagd nach dem schnellen Geld ist einer der weitest-
verbreiteten Ticks in Griechenland. Dies beweist zum
Beispiel die Existenz eines halben Dutzends staatlich be-
aufsichtigter Lotterien, die wöchentlich ein paar neue
Millionäre kreieren. Das Finanzministerium kassiert hierbei gerne und kräftig mit. Die meisten Griechen kaufen
ihre Lose mit der größten Selbstverständlichkeit jede
Woche aufs neue, gerade so wie andere Leute ihre Zeitschriften kaufen. Nach dem Erwerb geben sie sich dann
zahllosen Tagträumen hin, indem sie sich überlegen, was
sie mit dem Lotteriegewinn anfangen würden. Hat sich
am Tag der Ziehung herausgestellt, daß wieder andere
vom Glück begünstigt wurden, ist eine vorübergehende
Enttäuschung zwar unvermeidlich, dennoch werden sie
gewiß den nächsten Termin nicht versäumen, brav die
Steuer der Dummen mit unerschütterlichem Optimismus
zu entrichten.

Auch wenn Griechenland nach außen hin arm erscheint, hat die Mehrheit der Griechen mehr Geld, als sie
ausgeben kann. Geld nährt das aufgeblasene Ego der
neureichen Schicht, die vornehmlich mit Autos, Pelzen
und ähnlichen Luxusgütern protzt. Das Bedürfnis, seinen

Reichtum zur Schau zu stellen, ist verständlich: Die meisten Griechen, die heute in den Städten (und insbesondere in der Hauptstadt) leben, wurden vor dreißig bis vierzig Jahren in Dörfern geboren, die sie dann irgendwann verlassen haben. Eine städtisch-bürgerliche Mentalität ist daher so gut wie nicht existent, und es dauert noch mindestens eine oder zwei Generationen, bis sich eine echte Mittelschicht gebildet hat.

Schmalzige Fernsehserien wie »Denver Clan« und »Reich und Schön« sowie ihre griechischen Nachahmungen erfreuen sich höchster Beliebtheit und beweisen zugleich deutlich die Unsicherheit der Griechen. In diesen Seifenopern wird ein Lebensstil vorgeführt, den sie sich in der Wirklichkeit niemals werden leisten können oder zu dem sie nie den Mut aufbringen würden. Ebenso beliebt sind Game-Shows, da hierbei – vom Toaster bis zum Auto – Preise und Gewinne eingeheimst werden können, was dem griechischen Bedürfnis nach der schnellen Drachme ebenfalls entgegenkommt.

Bei einem Volk wie den Griechen, das über ein so gewaltiges kulturelles Erbe aus seiner glanzvollen Geschichte verfügt, würde man erwarten, daß es sich unablässig damit beschäftigt – es pflegt und stilisiert und beweihräuchert. Nichts davon. Der Umgang mit der großen Vergangenheit ist eher beiläufig – ein deutliches Beispiel *ex negativo* für die Redensart: Erwirb es, um es zu besitzen. Die Griechen erinnern sich ihrer berühmten Vorfahren nur, wenn deren Ruhm für einen praktischen Zweck genutzt werden kann.

Die Helden des Unabhängigkeitskrieges werden heutzutage am allermeisten verehrt. Ganz besonderen Stolz empfinden die Griechen noch immer über die Tatsache, daß ihr Land im Zweiten Weltkrieg als einziges tapfer gegen die Achsenmächte kämpfte, als das restliche Europa schon kapituliert hatte. »Wir können nicht mehr länger sagen, daß die Griechen wie Helden kämpfen. Wir müssen jetzt vielmehr sagen, daß wahre Helden wie Griechen kämpfen«, stellte Winston Churchill fest. Griechische Nationalfeiertage am 25. März und am 28. Oktober erinnern bei reichlichem Flaggenschwenken und großer emotionaler Anteilnahme an den Befreiungskrieg und an den Zweiten Weltkrieg.

Die modernen Griechen mögen sich zwar gegenüber ihrer klassischen Epoche selbst etwas gleichgültig verhalten, wenn aber jemand den Mut haben sollte, auch nur den geringsten Teil von Griechenlands kulturellem Erbe mit Zweifel oder Spott zu kontaminieren, ererbtem Wissen zu bestreiten, werden sich die griechischen Zeitgenossen wie ein einziger Mann gegen ihn kehren, um ihre Kultur zu verteidigen. Jeden Angriff auf die Glorie Griechenlands in der historischen Vergangenheit nehmen die Griechen als persönlichen Angriff, als eine Verletzung ihres eigenen *philótimo*.

Freizeit & Vergnügen

Einem Engländer ist sein Heim sein Schloß. Das Heim ist für einen Griechen hingegen eher ein Gasthaus am Wegesrand. Er bedient sich seines Heimes – mit seltenen Ausnahmen – nur aus praktischen Gründen. Dort schläft er, wechselt seine Wäsche, nimmt hin und wieder eine Mahlzeit ein, aber er lebt nicht richtig in seinem Heim. Griechen gehen für ihr Leben gerne aus. Es ist besser, irgendwohin zu gehen, als zu Hause zu bleiben. Wenn er es sich leisten könnte, käme ein Griechen überhaupt niemals nach Hause und würde am liebsten die ganze Zeit mit der Familie und den Freunden außer Haus verbringen.

Wer freiwillig zu Hause bleibt und wer sich seine außerhäusigen Besorgungen genau überlegt oder auf ein Minimum reduziert, wird als Exzentriker angesehen, wenn man ihn nicht sogar für einen Menschenhasser hält.

Der Durchschnittsgrieche ist ein Sozialwesen par excellence. In der Menge fühlt er sich am wohlsten. In keinem anderen Land gibt es so viele und verschiedene Kafeníons, Tavernen, Restaurants, Bars, Nachtclubs und *Bouzouki*-Kneipen, die an sieben Tagen in der Woche stets zum Brechen voll sind.

Auswärts essen zu gehen ist eines der Lieblingsvergnügen der Griechen. Dieses Vergnügen wird noch gesteigert, wenn das Restaurant seiner Wahl Darbietungen tänzerischer oder musikalischer Art aufweisen kann, die dem Klappern des Bestecks und dem Klingen der Gläser noch den entsprechenden Rahmen bieten. Ein Grieche bestellt in einem Lokal immer mehr, als er eigentlich verzehren kann, so, als ob gerade eine Hungersnot vorüber wäre. Viele erinnern sich noch an die letzte Hungersnot während des Zweiten Weltkrieges unter deutscher Besatzung, wo alleine im Gebiet in und um Athen 350 000 Opfer zu beklagen waren.

Die Vorstellung der Griechen von einem wirklich gelungenen Abend sieht so aus, daß man ihn mit *paréa* verbringt; das sind mindestens zwei oder drei Ehepaare aus dem weiten Freundeskreis (inklusive der Kinder, wenn niemand aus der Verwandtschaft dazu verdonnert werden kann, auf sie aufzupassen), fröhlich um einen großen Tisch in einer Taverne versammelt, der zumindest vom späten Frühjahr bis zum späten Herbst unter freiem Himmel stehen darf. Idealerweise ißt man bis zum Umfallen, trinkt mit Maßen und redet ohne Unterlaß über mehr oder weniger Triviales bis spät in die Nacht hinein. Die Kinder vertreiben sich die Zeit damit, die allgegenwärtigen streunenden Katzen zu quälen oder irgendwann auf ihren Stühlen einzuschlafen.

Diese Lebensweise ist keineswegs auf das Großstadtleben beschränkt. In Griechenland gibt es kein Dorf, und sei es auch noch so bescheiden, in dem es nicht die unvermeidlichen Kafeníons und Nachtclubs gibt. Im ganzen Land gibt es keinen Platz, an dem nicht an einem sonnigen Tag Tische und Stühle aufgestellt sind, auf denen es sich die Leute bequem gemacht haben und das ganze Volk herumlümmelt, als ob es kein Morgen gäbe.

Ein Grieche braucht an solchen Orten mindestens vier stabile Stühle, um sich wohl zu fühlen. Auf einem sitzt er, je einen Fuß stellt er auf die Querleisten von zwei weiteren Stühlen direkt vor ihm. Dann lehnt er sich auf dem Stuhl, auf dem er sitzt, zurück, bringt ihn halb zum Kippen und stützt sich ab, indem er den Arm auf die Lehne eines vierten Stuhls legt, der strategisch am günstigsten schräg hinter ihm steht. Es kann sogar vorkommen, daß er noch einen fünften Stuhl benötigt, auf dem der Mantel abgelegt wird. In neu eingerichteten Kafeníons gibt es allerdings nur noch Stühle, die man nicht mehr kippen kann, so daß sich dieser althergebrachte Zeitvertreib etwas auf dem Rückzug befindet.

Wenn man sich dies alles vor Augen führt, drängt sich die Frage auf, wann dann überhaupt einmal gearbeitet wird. Gerüchten zufolge sollen lediglich 5 % der Griechen arbeiten. 95 % versuchen, diesem Übel so weit wie möglich aus dem Weg zu gehen.

Ferienzeit
Für den Durchschnittsgriechen ist die Arbeit etwas, was er tun muß – verflucht sei sein Schicksal –, um die Zeit zwischen den Ferien zu überbrücken. In Griechenland gibt es zwölf offizielle Feiertage sowie zweiundzwanzig bezahlte Urlaubstage. Wenn man diese Ausfallzeiten zu den Wochenenden, Krankenfehltagen und den verschie-

denen Streiks hinzurechnet, darf sich ein Grieche etwa ein halbes Jahr lang seiner Lieblingsbeschäftigung: süßem Nichtstun hingeben. Das bedeutet natürlich auch, daß in den zwei Wochen um Weihnachten, um Ostern und in den zwei heißesten Sommermonaten (Juli und August) das ganze Land beinahe zum Stillstand kommt.

Für Wochenendkurzreisen und ähnliche Gelegenheiten packt der Grieche seine Frau, die Kinder und die Schwiegermutter ins Auto, um mit der Zielstrebigkeit eines Lemmings auf Wanderschaft aufs Land zu fahren. Ist man erst einmal angekommen, überläßt man die Kinder sich selbst und nimmt am nächstbesten Tavernentisch Platz. Sonntagabends strömt ein Drittel der griechischen Bevölkerung zurück in die unselige Hauptstadt, stets begleitet von vielen Unfällen, durch drei nadelöhrartige Verengungen, die als Haupteinfallstraßen gelten. An längeren Feiertagen und in den großen Ferien liegt es für die in den Städten lebenden Griechen nahe, sozusagen zurück zu den Wurzeln, sprich in die Dörfer ihrer ursprünglichen Herkunft zu fahren.

Angehörige des griechischen Mittelstandes verbringen ihre Ferien bisweilen auch im Ausland, meist in organisierten Gruppenreisen. In Kaufhäusern shoppen zu gehen, ist hierbei die Hauptattraktion. Die Besichtigung von Sehenswürdigkeiten steht mit deutlichem Abstand an zweiter Stelle. Alles, was im Ausland gekauft ist, wird für besser und schöner gehalten, vor allem, wenn es sich um ein Sonderangebot gehandelt hat. Insbesondere Schnäppchen aus London sind der große Hit. Das umgangssprachliche Wort *megla* ist die griechische Kurzform für: *Made in England* und gilt als Synonym für größte Eleganz und beste Qualität. Im Gegensatz dazu bedeutet das Kürzel *jampa* (*Made in Japan*) einfach nur: spottbillig.

Sex

Nach einer neuesten Umfrage unter weitgereisten unartigen Mädchen (Gute Mädchen kommen in den Himmel, böse Mädchen kommen überall hin …) gebührt es dem griechischen Mann, den Lorbeerkranz des wahren *Latin Lovers* um das lockige Haupt gewunden zu bekommen. Die Italiener sind deswegen reichlich frustriert, erreichen sie doch nur – weit abgeschlagen und mit hängender Zunge – Platz zwei.

Es ist eine wohlbekannte Tatsache, daß Touristinnen aus den kälteren Regionen Europas jeden Sommer wie die Heuschrecken in Griechenland einfallen und nur eines im Sinn haben: Sex. Hier treffen sie auf jede Menge gleichgesinnte junge Männer – die berüchtigten *kamákia* (frei übersetzt heißt das »Harpune« – in Anspielung auf die Vorgehensweise dieser Mädchenfischer). Diese sind außerhalb der Ferienzeit ganz normale, einer regelmäßigen Arbeit nachgehende Angestellte oder Studenten. Sobald aber der Sommer da ist, wird dem Treiben der Triebe kein Einhalt mehr geboten. Die *kamákia* halten ihre amourösen Aktivitäten für einen nützlichen Dienst an der Menschheit. Wer sonst sollte den blassen Weibchen aus dem Norden den berauschenden Geschmack der sonnendurchfluteten Männlichkeit oder die

samtig scharfen Nächte an endlosen leeren Meeres-
stränden nahebringen?

Die Griechen sind ein sehr sinnliches Volk. Auch wenn
man manchmal den Eindruck gewinnen kann, daß es
kleinbürgerliche Vorbehalte gegen ein freies Sexual-
leben im allgemeinen gibt, darf man sich von diesem Eindruck keineswegs in die Irre führen lassen. Dieser Kon-
servatismus ist nur eine oberflächliche Attitüde. Es wäre
auch ein Wunder, daß ein Volk, das von Kindesbeinen an
mit einer Mythologie vertraut gemacht wird, in der Ehe-
bruch auf der Tagesordnung steht, dieselben engen
Moralvorstellungen entwickelt wie ein Volk, das in seiner
Jugend mit völlig unschuldigen Kinderreimen auf das
Leben vorbereitet wurde.

Wer einmal die Möglichkeit hat, eine pikante Unter-
haltung unter jungen Leuten – sei es eine Mädchen- oder
Jungengruppe, hin und wieder sogar eine gemischte
Gruppe – zu belauschen, wird kaum seinen Ohren trauen
können. Die Beschreibungen dessen, was sie bereits erlebt haben, wie sie es erlebt haben, wie oft und mit wem,
sind so marktschreierisch und unverblümt, mit genauen
anatomischen Details, daß die unzensierten Stücke des
Aristophanes im Vergleich hierzu geradezu puritanisch
erscheinen. Die meisten Griechen und Griechinnen
gehören zur Sorte »Küsse und sprich darüber« – natürlich unter dem Siegel strengster Verschwiegenheit.

Die meisten Männer – ob nun glücklich verheiratet
oder nicht – halten es für eine Ehrensache, jeder nur
halbwegs präsentablen Frau nachzustellen. Die sich daraus entspinnende Affäre – meist ebenso kurz wie beiläufig – hat nur in den seltensten Fällen Rückwirkungen auf

die jeweils bestehenden Ehen. Der Grieche braucht nun einmal seine Affären, um sein Ego zu nähren, seinem Leben etwas Würze zu verleihen. Aber er wird – selbst wenn er das Gegenteil bei allem, was ihm heilig ist, beschwört – nur in den seltensten Fällen seine Ehe aufgeben, um seine Geliebte zu heiraten. Die Ehefrau hingegen sitzt wie eine Bienenkönigin unerschütterlich auf ihrem Thron Familienbienenstock und läßt sich von diesen Zwischenspielen nicht beeindrucken, wenn sie überhaupt jemals davon Kenntnis erlangt. »Der arme Schatz«, wird sie sagen, »er kann eben einfach nicht ›nein‹ sagen. So sind die Männer. Was will man gegen die Natur machen?«

Griechische Frauen sind aber auch nicht abgeneigt, ihren Männern das mit gleicher Münze heimzuzahlen. Gewöhnlich glauben Männer um so mehr an ihre Frauen, je treuloser sie sind. »Setze deinem Mann Hörner auf, und suche nicht bei Verfluchungen und Liebestränken Zuflucht!« lautet ein altes Sprichwort, was für den dauerhaften Segen in einer Ehe sorgen soll.

Die Griechen haben trotz ihrer stark ausgeprägten Sinnlichkeit – oder gerade wegen dieser – keinen Bedarf an Sexspielzeugen, die gerade überall auf der Welt so hoch im Kurs stehen. Es gibt nur sehr wenige Sex-Shops in Griechenland. Pornofilme werden eher zur Belustigung als zur Anregung angesehen.

Andererseits haben die Griechen einen unverbrüchlichen Glauben an die aphrodisische Wirkung von Austern und Olivenöl, während kohlensäurehaltige Getränke und Soda sich sehr schlecht auf die Potenz auswirken sollen.

Die Griechen sehen Sex als ein Geschenk der Götter an die Menschheit, das man um seiner selbst willen genießen soll. (Das geht so weit, daß Griechenland die höchste Abtreibungsrate in ganz Europa zu verzeichnen hat.) Wer versucht, einem Griechen die im Westen verbreitete religiöse Glaubensvorstellung nahezubringen, daß der Sexualakt, der nicht ausschließlich der Fortpflanzung dient, sündhaft ist, wird lediglich ausgelacht und bekommt gesagt: Wenn Gott so etwas tatsächlich im Sinn gehabt hätte, wäre auch für den Menschen, so wie es in der Tierwelt ist, eine Paarungszeit einmal im Jahr vorgesehen worden.

Wenn man ein wenig an einem Griechen kratzt, taucht darunter schnell ein Heide auf. Im griechischen Alltagsleben sind Begriffe wie Sex und Sünde und Schuld nur sehr oberflächlich miteinander verknüpft. So gibt es in den Städten beispielsweise keinen Ansatz mehr, ein Zusammensein von Menschen als »in Sünde leben« zu bezeichnen. Seitdem Griechinnen nicht mehr durch Gesetz gezwungen werden, den Namen ihres Ehemannes anzunehmen – die Kinder tragen entweder den Nachnamen des Vaters oder den der Mutter –, kann niemand mehr am Klingelschild erkennen, ob das Paar verheiratet oder unverheiratet zusammenlebt. Die Begriffe »mein Mann« und »meine Frau« werden aus Bequemlichkeit benutzt, ohne auf die tatsächlichen juristischen Verhältnisse Rücksicht zu nehmen.

Essen & Trinken

Dies ist das Land, wo einst Nektar und Ambrosia erfunden wurden, allerdings auch der Schierlingsbecher. Wie es für die Griechen nun einmal typisch ist, gibt es viele köstlich zubereitete und ganz wunderbar schmeckende Gerichte, aber es gibt auch jede Menge kulinarischer Kalamitäten, die einen zwar nicht umbringen, die aber so schmecken.

Ein weitverbreitetes griechisches Gericht ist *phassoláda*, eine dicke Bohnen-Karotten-Tomatensuppe (für sich alleine eigentlich schon eine Hauptmahlzeit, besonders, wenn sie noch von geräuchertem Hering begleitet wird). An Sonn- und Feiertagen entscheidet sich die griechische Hausfrau gerne für geröstetes Lamm oder ein Zicklein, in dessen Saft die Kartoffeln gleich mitgegart werden.

Auch wenn jede Region auf ihre eigenen Spezialitäten stolz ist (saftige Eintopfgerichte mit Fleisch werden mit vielen verschiedenen Nußsorten und getrockneten Früchten angereichert; Aufläufe mit phantasievollen Füllungen aus mehreren Zutaten, die von dünnen Schichten hausgemachten Teigs voneinander getrennt werden; bunte gefüllte Gemüse aller Art und vieles mehr), geht die Tendenz bei Alltagsgerichten dahin, einfache Schmorgerichte oder Eintöpfe zu servieren.

Die meisten Gerichte werden mit dem durchscheinenden, matt goldgrünen Olivenöl zubereitet, neuerdings auch mit Margarine, die aus Oliven gewonnen wird. Kombiniert man das mit gedünsteten reifen Tomaten, so ergibt dies eine hell scharlachrote Sauce, die gerne von gierigen Essern mit Weißbrotstücken aufgestippt wird. Sogenannte »weiße« Gerichte werden mit Zitrone aromatisiert oder von einer cremigen Eier- und Limonensauce gekrönt.

Frisch geschlachtete Jungtiere entsprechen der griechischen Idealvorstellung von »gutem« Fleisch. So müssen Kälber, Lämmer, Zicklein, Ferkel und Stubenküken schon sehr früh ihr Leben für eine leckere Mahlzeit lassen. Das silber- und goldfarbene Schimmern der mediterranen Seefische wie die unterschiedlichen Brassenarten, die Zackenbarsche, die Meerbarben, Sardinen, jungen Sprotten und viele andere Sorten bilden die Grundlage für eine Vielzahl schmackhaft gewürzter Speisen. Diese Fische unterscheiden sich sehr von ihren Artgenossen aus dem kalten Atlantik. Sie sind kleiner, aber auch geschmacklich reizvoller. Krustentiere, Tintenfische und andere Schalentiere werden fritiert, gegrillt oder manchmal sogar roh gegessen und geben so eine köstliche Vorspeise ab, wenn sie nicht sogar als Hauptgericht zubereitet werden.

Die Auswahl der Gemüsesorten erschlägt selbst einen versierten Gourmet. Viele Sorten frischer Bohnen, Auberginen, Okra-Schoten, Zucchini, Artischocken, Kartoffeln, Paprikaschoten, rote Bete, Brokkoli bilden zumeist die Grundlage einer Mahlzeit, sei es, daß sie eine wichtige Rolle neben dem Fleisch in einem Eintopf spielen, sei es, daß sie sich untereinander in einem vegetarischen Auflauf mischen – sehr selten werden sie lediglich als ansonsten unbeteiligte Beilage gereicht.

Die Griechen sind auch ausgesprochene Süßschnäbel. Die vielen verschiedenen Süßigkeiten und Kuchen könnten in diesem Rahmen nicht einmal ansatzweise aufgeführt werden. Jede Art von Früchten wird zu süßen Gelees oder Marmeladen verarbeitet (dieser Eifer macht nicht einmal vor Rosenblättern, Orangenblüten, den Schalen von Wassermelonen und jungen Auberginen halt). Darüber hinaus gibt es Hunderte verschiedener griechischer Brot-, Kuchen- und Kekssorten. Die Griechen vereinen bei ihren Backerzeugnissen die Höhepunkte der westlichen Konditorenkunst mit den sündigen, sirupgetränkten nahöstlichen Kreationen aus knusprigem Blätterteig, gehackten Nüssen und orientalischen Gewürzen.

Die griechischen Essenszeiten sind ebenso bizarr wie die Griechen selbst: Das Mittagessen findet irgendwann zwischen halb zwei und halb sechs statt, was vom Arbeitsrhythmus jedes einzelnen abhängt, Abendessen wird niemals vor zweiundzwanzig Uhr serviert. Eine feste Zeit zum Kaffee- oder Teetrinken gibt es nicht, wenn auch ein Täßchen Kaffee nach der Siesta gerne getrunken wird.

Auch wenn die meisten Griechen verächtlich behaupten, niemals ein Frühstück zu sich zu nehmen – gerade so, als ob das Frühstück eine Degenerationserscheinung sei –, trinken sie doch morgens eine Tasse Kaffee schwarz oder mit Milch und essen ein Stück Zwieback oder ein paar Kekse dazu, bevor sie das Haus verlassen. Gegen elf Uhr zwingt sie dann der Hunger, wieder etwas Nahrung zu sich zu nehmen, so daß sie sich *tyrópitta* kaufen, ein mit heißem *féta*-Käse gefülltes Fladenbrot. Wem das zu mastig ist, kann natürlich auch unter den tausendundeinen Verlockungen in den Bäckereien und speziell in den auf den kleinen Hunger eingestellten Lebensmittelgeschäften einer solchen erliegen.

Gegen Mittag treffen sich die Griechen, die genug Zeit dafür haben, mit Freunden zu einem Aperitif – einem *ouzo* oder einfach nur zu einem Bier – und etwas *pikilía* (warmen oder kalten Appetithäppchen), die eine ganze Mahlzeit ersetzen können.

In den letzten Jahren ist Whisky beinahe zu einem Nationalgetränk geworden. Sogar in den abgelegensten kleinen Nestern – weitab vom Großstadtleben – sind die scharfen heimischen Getränke wie *ráki* oder *tsikoudiá* auf den zweiten Platz auf der Beliebtheitsskala verwiesen worden. Die Griechen trinken tatsächlich jährlich 45 000 000 (in Worten: fünfundvierzig Millionen) Flaschen Whisky, das ist weltweit der höchste Pro-Kopf-Konsum.

Wenn man zufällig oder aufgrund einer Verabredung Freunde trifft, ist dies gewöhnlich immer ein Anlaß, mehr oder minder heftig dem Alkohol zuzusprechen, und zwar zu jeder Tages- oder Nachtzeit. In Griechenland gibt es für Lokale und Bars keine Sperrstunden. Es kommt nur selten vor, daß ein Grieche alleine trinkt. Infolgedessen gibt es auch nur wenige Griechen mit Alkoholproblemen.

Die Alltagsmahlzeiten zum Mittag- oder Abendessen

sind in der Regel relativ einfach: Sie bestehen aus einem einzigen Gericht wie etwa Auberginen mit Hackfleisch und Tomaten; Schweinefleisch mit Sellerie oder Huhn mit Okra-Schoten zusammen mit einem Tomaten- oder Kopfsalat.

Käse wird im Gegensatz zur sonstigen europäischen Speisefolge nicht am Ende eines Menüs gegessen, sondern mittendrin. Hierbei handelt es sich meistens um den weißen krümeligen *féta*, der entweder aus Schafs- oder Ziegenmilch hergestellt wird. Beim Essen wird ständig zwischen einer Gabel Gekochtem und einem Stück Brot abgewechselt, das in die Sauce oder das Salatdressing eingetaucht wird.

In Griechenland wachsen unzählige von der Sonne überreichlich verwöhnte Früchte. Sie bilden in der Regel das Dessert nach einer Mahlzeit, dem dann nur noch der Kaffee folgt, um das üppige Mahl abzuschließen. Er wird sehr schwarz serviert und in speziellen kleinen Täßchen ausgeschenkt. Es gibt sehr viele verschiedene Rezepte, in welchem Verhältnis Kaffee, Wasser und Zucker zueinander stehen müssen. Für die Griechen muß eine ordentliche Tasse Kaffee auf ihrer Oberfläche mit einem cremigen braunen Schaum bedeckt sein, während sich am Tassenboden ein schwarzer Schlick abgesetzt haben muß. Genießer trinken den Kaffee kochendheiß in kleinen Schlucken, deren erster von einem tiefen Aufseufzer des Wohlbehagens begleitet wird.

Kultur & Musik

Die moderne griechische Kultur stellt, verglichen mit der klassischen Antike, eine kurze, kümmerliche Fußnote in einem Buch ungeheuren Ausmaßes dar. Wenn man sie allerdings neutral und unabhängig von der Last des historischen Erbes betrachtet, erscheint sie keineswegs so bemitleidenswert.

Die Schriftsteller und Dichter – zweien von ihnen wurde der Nobelpreis verliehen – brachten und bringen immer noch Werke hervor, die durchaus Einfluß auf die zeitgenössische Weltliteratur haben könnten, wenn sie in einer Sprache geschrieben wären, die weiter verbreitet ist. Komponisten, Maler, Bildhauer, Fotokünstler und Filmemacher erlangen häufig große internationale Anerkennung. Oftmals scheint es so, als ob sie erst im Ausland zu Ruhm und Ehren kommen müssen, bevor auch ihre Landsleute ihnen die gebührende Anerkennung zollen.

All dies spielt sich jedoch weit unterhalb der Wahrnehmungsoberfläche der Durchschnittsgriechen ab. Es gibt wirklich nicht wenige Haushalte, in denen die einzigen Bücher – mit Ausnahme der Schulbücher natürlich – die das Privileg haben, über die Haustürschwelle getragen zu werden, prachtvoll vergoldete Konversationslexika sind, die meist rein dekorativen Zwecken dienen. Es gibt tatsächlich Mütter, die zu ihren Kindern sagen: »Ich habe dir doch erst letztes Jahr ein Buch gekauft, wozu brauchst du denn schon wieder eins?«

Die meisten Griechen lassen nichts Schwereres an sich heran als die üblichen Tageszeitungen und die bunten Zeitschriftenmagazine, die um so beliebter sind, je greller die Sensationsberichte. Die Bücher, die noch am ehesten gelesen werden, sind unterhaltsame Bestseller und Taschenbücher mit Familiensagas, Krimis oder Liebesschnulzen, wobei es sich oft um Übersetzungen aus anderen Sprachen, gelegentlich auch um von griechischen Autoren verfaßte Werke handelt. Ernsthafte Literatur läßt sich kaum in einer Menge von mehr als ein paar tausend Exemplaren verkaufen, da nur einer von vier Griechen wenigstens ein Buch pro Jahr liest. Die anderen anspruchsvollen Kunstformen gelten in Griechenland ebenfalls nicht als Publikumsrenner. Ob es sich um Musik, Theater oder die bildenden Künste handelt: Wenn einmal etwas wirklich Gutes geschaffen wird, wird dies nur von einer kleinen intellektuellen Elite gewürdigt und beklatscht. Klassische Musik wird im Radio nur noch gespielt, wenn eine berühmte Persönlichkeit gestorben ist.

Alles in allem fahren im modernen Griechenland der Durchschnittsbürger und die Kulturzirkel in getrennten Zügen auf parallelen Gleisen, die sich allenfalls in der Unendlichkeit berühren.

Inhaltsschwere Musik

Wenn allerdings die Verse bedeutender griechischer Dichter wie Gatsos, Jannis Ritsos oder der Nobelpreisträger Giorgos Seferis und Odisseas Elitis von bedeutenden Komponisten wie Mikis Theodorakis oder Hadzidakis in populäre Musik umgesetzt werden, liebt jedermann auch die Liedertexte, und sie werden überall in Griechenland gesungen. Ihre wunderschönen elliptischen Verse künden von Liebe und Verrat, von Freude und Tod, vergangenem Ruhm und Verlusten.

Nur eine einzige Schwalbe
der Frühling, er kostet viel
Daß wieder Sonne zurückkehrt
viel Müh verströmen will
Daß Sonnenräder sich drehen
ist nötig der Toten Flut
Die Lebenden sind notwendig
die geben ihr Opferblut

Und ihren Namen haben wir
dort in den Sand geschrieben,
ein leichter Wind ist dann aufgestiegen,
hat uns're Zeichen fortradiert.

Um die Griechen sollst du nicht weinen –
    auch wenn du sie gebeugt siehst,
ein Messer in ihrem Rücken, Riemen in ihrem Nacken.
Sieh doch, sie springen wieder auf, und sie sind fest
    entschlossen,
die Bestie zu erlegen mit Harpunen aus der Sonne.

57

Unvorstellbare Sonne der Gerechtigkeit und du,
   würdiger Myrtenzweig
niemals vergeßt, bitt ich euch, niemals mein Land!

Diese heroischen, quälenden und oftmals melodrama-
tisch erscheinenden Worte haben eine unmittelbare Wirkung auf die Seele der Griechen, über die Edith Hamilton
einmal sagte: »Sie sind niemals traurig, sie werden bloß
elegisch.«

Für die extravertierten Griechen ist es ganz natürlich,
ihre Gefühle durch die emotionale Sprache der Musik
zum Ausdruck zu bringen. Wenn die Umstände entsprechend sind, kann dies auch manchmal gelingen. Die
Titelmusik zu dem Film *Sonntags – nie* (der Melina Mer-
couri weltberühmt machte: »Ich steh am Hafen von
Piräus ...«) ist typisch für die traditionelle Form der *rembética* (Lieder, die aus der Subkultur der Halbwelt stammen). Diese Art der Musik sowie Volksmusik und die
moderne Musik, die entweder von dem einen oder dem
anderen Ursprung beeinflußt wurde, bringt am deutlich-
sten zum Ausdruck, was im eigentlichsten Sinne typisch
griechisch ist.

In den meisten alten *rembética* wird eine grundsätz-
liche Traurigkeit und ein Gefühl der Verlorenheit vermittelt, was ein wenig an bestimmte irische Balladen
erinnert. Sie werden zu dem zirpenden Klang der man-
dolinenähnlichen *bouzouki* gesungen. Ihre Kadenzen
(vier oder fünf Themen in endlosen Variationen) sind
Tausende von Jahren alt – ein Echo uralter, längst unter-
gegangener Kulturen.

In der Alltagssprache zitieren die Griechen beständig

aus diesen Liedern. Da die meisten Lieder eine Geschichte erzählen, eine Theorie erläutern oder Behauptungen aufstellen, gibt es im Leben nur sehr wenige Situationen, in denen nicht die Worte des einen oder des anderen Liedes treffenderweise zitiert werden können. Hier ein Beispiel:

Du kamst erst wieder um drei Uhr heute morgen nach Hause!
Verrücktes Mädchen, warum machst du so etwas?
Versuche dich und dein Leben wieder in den Griff zu bekommen,
sonst wirst du eines Tages in größter Not auf einer Strohmatte verenden.

Rücken an Rücken im selben Bett,
mit deiner Persönlichkeit, die als Zudecke dient.

Während eines Menschenlebens eröffnen sich viele Wege,
den, der dir am besten gefällt, mußt du beschreiten.
Es gibt aber auch einen kleinen verhexten Pfad,
der dich zu dem tiefen Abgrund führt.

Immerhin gibt es im Leben stets zwei Türen. Ich öffnete die eine und trat ein.
Ganz entspannt wandelte ich durch die Morgenstunden,
aber als die Dämmerung kam, kam ich aus der anderen Tür heraus.

Dies alles klingt wundervoll, aber es gibt einen unvermeidlichen Nachteil dabei. Die meisten Griechen glauben nämlich, daß eine Musik um so besser sei, je lauter sie gespielt wird. Sehr viele *bouzouki*-Kneipen, in denen Live-Konzerte gegeben werden, sind daher heutzutage mit einer Lautsprecheranlage ausgerüstet, die ausreichen würde, um ein Olympiastadion zu beschallen.

Die wahren Kenner und Eingeweihten versammeln sich jedoch in rauchgeschwängerten und rußgeschwärzten Tavernen, in denen die Sänger – wenn überhaupt – auf nur sehr wenig elektronische Unterstützung zurückgreifen. Hier kann man mit etwas Glück die meisterhaft dargebrachten Tänze der Alten bewundern, seien sie feierlich, fröhlich oder voller orientalischer Sinnlichkeit. Ein solcher Tanz wurde von dem Maler und Humoristen Bost folgendermaßen beschrieben:

Ein Mann – den Mantel nicht zugeknöpft, eine Zigarette zwischen den Lippen, ein harter Zug um seine Mundwinkel, niedergeschlagene Augen – stand bewegungslos auf dem Boden. Als ob er sein Gleichgewicht wiederfinden wolle, breitete er seine Arme wie Schwingen aus – wie ein großer verwundeter Vogel – und fing an. Er erwies sich als ausgezeichneter Tänzer. Er schien aus einer anderen Welt gekommen zu sein; er nahm von uns Umstehenden keinerlei Notiz, für ihn existierten wir offensichtlich nicht. Er tanzte nur für sich alleine. Ein ernsthafter, stolzer und tapferer Mann, der mit Gott haderte und den Tod herausforderte. Der Tod versuchte, nach ihm zu greifen, der Mann wich ein paar Schritte zurück, um ihm zu entkommen. Am Ende war es ganz deutlich, daß er dieser Gefahr entronnen war – klüger und gerissener als der Tod. Nacheinander nahm er verschiedene Posen ein, zunächst nach links, dann nach rechts und erweckte dabei den Eindruck, als ob er uralte Rituale nachvollziehe. Jeder einzelne Schritt wurde bewußt gesetzt, als ob er vorsichtig unter der Tanzfläche verborgenen Minen ausweichen wolle.

Da die Griechen nun einmal Nachtschwärmer sind, beginnen die interessanten Vorstellungen erst um Mitternacht. Die Stars einer Show treten selten vor ein Uhr nachts auf. Polizeiliche Bemühungen mit gelegentlichen Razzien die krampfhaften Versuche der Regierung, die Griechen auf dem Verordnungswege früher ins Bett zu bringen, durchzusetzen – werden hauptsächlich als Unfug angesehen. Es stört sich eben niemand daran, daß der nächste Tag ein Arbeitstag ist. Nach einer Nacht voll zügellosem Musikgenuß torkeln die Griechen beschwipst zu Bett, schlafen ein paar Stunden und gehen dann am nächsten Morgen wie ein triefäugiger Waschbär ins Büro.

Sprache & Wörter

Die griechische Sprache hat sich seit Platons Zeiten (das ist fünfundzwanzig Jahrhunderte her) weniger verändert als die englische oder die deutsche Sprache seit den Zeiten Chaucers oder Luthers (was ungefähr fünf Jahrhunderte zurückliegt).

Griechisch war in der antiken Welt rund um das Mittelmeer viele Jahrhunderte lang die *lingua franca*, die allgemein gängige Sprache in Handel und Kultur. Es war die Sprache, in der neue Ideen, wie etwa das Christentum, verbreitet wurden. Jeder gebildete Römer war des Griechischen mächtig. Demzufolge wies das Lateinische unzählige griechische Lehnwörter auf. Von daher wurde das griechische Wortgut durch die Scholaren der Renaissance, die Griechisch ebenso flüssig sprachen wie Latein, in die verschiedenen europäischen Sprachen übertragen.

In der deutschen Sprache allein ist etwa ein Drittel aller Wörter griechischen Ursprungs. Abgesehen von den meisten medizinischen, wissenschaftlichen und grammatikalischen Fachausdrücken stammen Hunderte von botanischen, zoologischen und chemischen und physikalischen Wörtern direkt aus dem Griechischen. Selbst im Alltagsleben finden sich zu jedem Buchstaben des Alphabets zahlreiche griechischstämmige Wörter – von A wie Almosen bis Z wie Zoo.

Es waren die Griechen, die als erste »Jehoschua« in *Jesus* umtauften und ihm den Beinamen *Christus* (der Gesalbte) verliehen. Wo wäre die *Christenheit* und die *Christmette* ohne die Griechen? Die *Kirche* hätte weder eine *Bibel* noch *Propheten, Apostel, Märtyrer, Bischöfe, Hymnen, Chöre, Klöster, Krypten, Rosenkränze, Litaneien, Exorzisten, Häretiker, Atheisten, Blasphemiker, Satanisten, Dämonen, Teufel* oder *Dogmen,* noch *Engel* im *Paradies,* ganz zu schweigen von dem *Amen* in der Kirche.

Nichts auf Erden könnte *mysteriös, ätherisch, tragisch, magnetisch, demokratisch, nostalgisch* oder *automatisch* sein. Niemand könnte für sich in Anspruch nehmen, *patriotisch, phlegmatisch, animiert, diplomatisch, dominierend, glamourös, famos, europäisch, ingeniös, nervös, hysterisch, ironisch* oder *anonym* zu sein.

Es gäbe keine *Strategien, Taktiken, Ethiken, Politiker, Aristokraten, Nymphomaninnen, Anarchisten, Bolschewiken, Technokraten, Schizophrene, Heroen, Historie, Schulen, Argumente, Organisationen, Symbole, Diamanten, Piraten, Klima, Löwen, Tiger, Rosen, Papier, Boxen, Thermos*flaschen, *Trophäen, Kannen, Diäten* oder *Pizzas,* mit *Pfeffer* bestreut auf einer *Plastikplatte.*

Die Welt der Kunst müßte ohne *Theater, Ballerinen, Poeten, Dramaturgen, Szenen, Komödien,* cineastische Effekte, *Zirkus, Stars, Akrobaten, Melodien, Gitarren, Akkorde, Symphonien, Orchester, Television, Programme, Kritiken, Fotografen* und *Skandale* auskommen.

Die moderne Technik müßte auf *Ideen, Architekten, Metall, Disks, Hydraulik, Ingenieure, Elektriker, Kameras, Lampen, polymerisierte Vinyl*verbindungen, *Desaster* und die *Atombombe* verzichten.

Die modernen Griechen haben sich von den meisten Fesseln der Kultur ihrer Vorfahren befreit, haben aber mehr als 80 % ihres Vokabulars aus der Antike übernommen. Die restlichen Prozente ergeben sich aus eingebürgerten Wörtern anderer Sprachen, vor allem des Französichen, Englischen, Italienischen und Türkischen, allesamt Zeugen vieler verschiedener kultureller Einflüsse. Kein Grieche empfindet etwas dabei, von einer Party, einem Pub, einer Maniküre, einer Kasserolle, einem Trolley, einem Drive-in, Rouge, einem Goal, dem Parking oder Toast zu sprechen. Gerne verabschiedet man sich mit dem Wort *adio,* dann ist alles *O. K.*

Zwischen links- und rechtsorientierten Intellektuellen tobte jahrzehntelang ein »Sprachkrieg«. Die letzteren fordern, daß man in Griechenland wieder ein »reines« Griechisch sprechen soll, in etwa also das Griechisch, in dem die Evangelien verfaßt wurden. Die ersteren wollen eine wesentlich vereinfachte Sprache fördern, eine volksnahe Umgangssprache, die sich an den Realitäten auf der Straße orientiert. Sie empfinden es als besonders »fortschrittlich«, die Vergangenheit vergangen sein zu lassen und die aristokratischen Anklänge in der Sprache zu eliminieren. Diese Forderung würde, auf Deutschland übertragen, bedeuten, daß man das Hochdeutsche abschafft, und in den Schulen nur noch Bayerisch, Sächsisch, Plattdeutsch oder Rheinisch etc. lehrt.

Es gibt allerdings auch eine vermittelnde Ansicht, die

aber von den Politikern ignoriert wird. Die griechische Sprache wird daher bei jedem Machtwechsel mal mehr in die eine, mal mehr in die andere Richtung gezerrt – und die Schulkinder müssen es ausbaden, wie die Kinder von geschiedenen Eltern das Gezerre zwischen ihrem Vater und ihrer Mutter.

Witz & Humor

Auch wenn relativ viele Griechen von der Natur mit
einem erstaunlichen Sinn für Humor und einem rasier-
messerscharfen Witz ausgestattet sind – was *hoi polloi*
(die Mehrheit) schätzt und wohl auch einzig auch versteht, sind deftige Scherze, die üppig mit sexuellen Anspielungen gespickt sind. Die neue Bourgeoisie verhält
sich in dieser Hinsicht so, als ob die Existenz von Genitalien beim Menschen gerade erst entdeckt worden wäre
und als ob es nichts anderes zu bereden beziehungsweise zu bekichern gäbe.

In jeder Spielzeit gibt es mindestens ein halbes Dut-
zend Revuen, die vor ausverkauften Häusern gegeben
werden. Dabei wird die politische Satire, der Grundstoff
für jede griechische Show, eifrig mit unüberseh- und
unüberhörbaren sexuellen Anzüglichkeiten vermischt.
Oft sind die Texte in Versform abgefaßt und werden zu
populären Melodien gesungen oder deklamiert. Beispielsweise ist es denkbar, daß ein bekannter Politiker
als eine Person beschrieben wird, deren Hoden so groß
sind, daß sie bei jedem Schritt auf den Boden schlagen,
ein anderer könnte als so schwächlich beschrieben werden, daß er keinen hochkriegt. Ein unpopulärer Politiker

muß damit rechnen, daß sich jedermann mit seinen Dekreten den Hintern abwischt. Alle wirtschaftlichen Maßnahmen – gleichgültig von welcher Partei – werden mit einer Gurke im Gesäß der Arbeiterschaft verglichen.

Da die griechische Nachkriegsgesellschaft noch immer eine Phase der verlängerten Adoleszenz durchläuft, muß man mit solchen Phänomenen rechnen. Glücklicherweise hat der natürliche griechische Mutterwitz solche Vulgaritätsattacken überlebt, und noch erfreulicher ist, daß Schlagfertigkeit und spontaner Wortwitz nicht das Privileg einer gebildeten Schicht ist. Was am meisten geschätzt wird, sind Einfallsreichtum und Reaktionsschnelligkeit, gerade in Situationen, wo man am wenigsten mit einer Pointe rechnet.

Ein kretischer Bauer, der des Lesens und Schreibens kaum mächtig war, sollte auf einem deutschen Soldatenfriedhof in Maleme, dem berühmten Kriegsschauplatz auf Kreta, die Gräber betreuen. Ein deutscher General, der diese Gedenkstätte besuchte, ließ den Bauern durch seinen Dolmetscher rügen. Er konnte sich nicht vorstellen, daß jemand, der von der deutschen Regierung beschäftigt wird, nicht in der Lage sein sollte, sich in der Sprache Goethes zu unterhalten.

Mit einer dem Aristophanes würdigen Schlagfertigkeit klärte der Kreter seine Gesprächspartner auf: »Mein Freund, laß deinen General wissen, daß die mir anvertrauten Deutschen auch nicht mehr sprechen können.«

Wortspiele und Spielereien mit Worten sind bereits ein fester Bestandteil der Alltagskonversation. Man erlebt es immer wieder, daß plötzliche Kehrtwendungen und Verballhornungen neue Sprachgefühle entwickeln, da die Griechen dazu neigen, fremde Wörter zu benutzen und sie nach der griechischen Grammatik zu deklinieren und zu konjugieren. Nach außen hin wird dann zwar noch immer griechisch gesprochen, aber das glaubt nur der, der nicht fest genug mit der Sprache verwurzelt ist.

Die Griechen sind sehr stolz auf ihre Witze und finden stets eine Gelegenheit, ihren Freunden die neuesten zu erzählen. Bobos, ein vorlauter, sexbesessener Lümmel, rangiert schon seit langem weit oben auf der Beliebt-heitsskala.

Die Lehrerin klärt ihre Klasse über die Tatsachen des Lebens auf. Dabei bringt sie auch zur Sprache, daß Mädchen nach der Pubertät schwanger werden können, wenn sie nicht aufpassen.
»Dann könnte ich also auch schon ein Baby bekommen?« erkundigt sich die neunjährige Maria.
»Das wäre ungewöhnlich, soll aber schon vorgekommen sein«, antwortet die Lehrerin.
»Und ich?« piepst die fünfjährige Helena dazwischen.
»Du? Mit Sicherheit nicht!«
Aus dem hinteren Bereich des Klassenzimmers ertönt Bobos Stimme voller Selbstzufriedenheit: »Ich hab's dir doch gleich gesagt, Helena, daß wir uns keine Sorgen machen müssen.«

Ausgesprochenes &
Unausgesprochenes

Ein Grieche kann nicht sprechen, wenn er dabei die
Hände nicht frei hat, und ein leise sprechender Grieche
ist einer, den man auf der anderen Straßenseite hören
kann. Wenn sich zwei Griechen freundlich miteinander
unterhalten, hört sich das so an, als wollten sie sich
gleich an die Gurgel gehen, und eine Gruppe von aufge-
kratzten Freunden gleichen einer Hundemeute, die einen
Fuchs aufgespürt hat.

Wegen ihres extravertierten Charakters können sich
zwischen Griechen, die sich niemals zuvor im Leben be-
gegnet sind, an den merkwürdigsten Orten die hitzigsten
Diskussionen entspinnen. Irgendein gängiges Thema –
vorzugsweise natürlich ein politisches – reicht dafür völlig aus. Die Griechen verbreiten ihre Ansichten nicht nur
in den unzähligen Kafeníons, sondern auch auf der
Straße, in Bussen oder im Taxi, wenn man dies mit anderen teilt. Solche Debatten sind zeitlich nicht begrenzt,
und die Argumente werden von den Gesprächsteilneh-
mern gerne mit Beispielen und Erfahrungen aus dem
persönlichen Leben gestützt. Hierbei werden oftmals Tat-

sachen enthüllt, die ein Nord- oder Mitteleuropäer nicht einmal seinen engsten Freunden anvertrauen würde. Andererseits hält man es bei solchen Gesprächen meist nicht einmal für erforderlich, sich gegenseitig vorzustellen. Wenn die Debatte zu Ende ist, trennt man sich wieder als die Fremden, die man vorher war.

Der Durchschnittsgrieche hat zu allen Themen der Welt eine dezidierte Meinung – von der Weltraumfahrt bis zu den Preisen für Tomaten. Sehr gerne macht er sich über das Leben an sich und das Wesen der Dinge philosophische Gedanken, die er in abgedroschenen Aphorismen zum Ausdruck bringt – ein Zeitvertreib, der den Namen »Weinphilosophie« erhalten hat, da sie gewisse Ähnlichkeit mit dem Geplapper beschwipster Müßiggänger hat.

Der Grieche hört sich selber gerne reden. Wenn er erst einmal von seiner eigenen Rhetorik mit ihren wilden Übertreibungen und atemberaubenden Verallgemeinerungen mitgerissen ist, erweckt er bei unvoreingenommenen Menschen leicht Mißverständnisse. Es gibt Griechenlandreisende, die nach ihrem Aufenthalt in Hellas davon überzeugt sind, daß die Griechen noch immer die zwölf Götter im Olymp anbeten.

Mit beleidigenden Grüßen ...
Wenn man in Griechenland irgend jemanden im Vorbeigehen begrüßen oder verabschieden möchte, tut man dies mit den Worten »*Yia sou*« und winkt dazu. Dabei sollte man aber unbedingt darauf achten, daß man nicht

die Handinnenseiten mit gespreizten Fingern gegen die Person richtet, der der Gruß gilt. Dies wird sonst als ernsthafte Beleidigung angesehen – ähnlich dem »Fahr zur Hölle« – und wird gerne unter Autofahrern im Straßenverkehr genutzt, um damit zum Ausdruck zu bringen, wieviel man von den Fahrkünsten des anderen hält.

Wenn sie sich unter lauter Fremden befinden und zornig sind, achten die Griechen sehr darauf, nicht vulgär zu erscheinen, indem sie auf Worte und Gesten verzichten, die ihrer Position im Leben nicht entsprechen. Unter Freunden hingegen ist man da weniger pingelig. Beleidigende Gesten sind an der Tagesordnung und werden oft sogar im Scherz gebraucht.

Eine solche Geste, mit der zum Ausdruck gebracht wird, daß einem die Meinung, Forderung oder Drohung des anderen vollkommen gleichgültig ist, wird mit einer kraftvollen, sich nach innen kehrenden Bewegung zu den eigenen Genitalien ausgeführt. Diese Bewegung wird häufig von Worten begleitet wie: »Auf meine Eier«, »auf meinen Schwanz«, »auf meine Möse«, was bedeutet: »Was du da sagst, ist für mich so unwichtig – wenn ich es notieren müßte, würde ich es dorthin schreiben, wo man es gar nicht hinschreiben kann.«

Weniger gebräuchlich, aber um so beleidigender ist eine Geste, die dem ausgestreckten Mittelfinger entspricht. In Griechenland wird die Hand dabei horizontal gehalten, und die Geste durch Vor- und Rückwärtsbewegung dynamisiert. Die Anspielung auf den Geschlechtsverkehr wird somit überdeutlich.

Wenn man zum Ausdruck bringen möchte, daß es schlimm oder unmöglich ist, mit einem anderen umzugehen, sagt man *léra* (Scheißdreck) oder »Möge Gott dich beschützen« und schüttelt seinen Rockaufschlag, als ob er von Staub gereinigt werden müßte, indem man eine Ecke zwischen die Finger nimmt.

»Du flunkerst!« wird in der Gebärdensprache so dargestellt, daß man die rechte Wange mit den Außenseiten der Finger der rechten Hand nach unten streicht, als ob man prüfen wolle, ob die nächste Rasur fällig ist, begleitet von dem Slangwort *ksùres*.

Griechen und Griechinnen aller Gesellschaftsschichten würzen ihre verbalen Ausführungen mit allerlei Flüchen, ohne sich auch nur das geringste dabei zu denken. Und dies nicht nur in Zorn oder Verärgerung, sondern auch in Verbindung mit Scherzen oder Koseworten. Die Originalität und der kunterbunte Einfallsreichtum der Griechen auf dem Gebiet der Kraftausdrücke reicht von gängigen Schimpfwörtern bis zu sexuellen Anspielungen, die selbst einem Matrosen die Schamesröte ins Gesicht treiben würden.

Am beliebtesten ist der Begriff *malákas* (Onanist) in all seinen Variationen. Dies geht von »Blödmann« bis »guter, wahrer Kumpel« oder »mein lieber Freund«. Das Substantiv *malakía* hat grundsätzlich die Bedeutung: Unsinn, wird aber auch gebraucht, wenn jemandem ein Irrtum unterlaufen ist oder wenn man irgend etwas mißbilligt.

Gamó to einschließlich seiner Spielarten wird genauso harmlos in die Rede eingestreut wie bei uns »verdammt« und ist dementsprechend inhaltsleer, es sei denn, der Ton ist eindeutig zornig.

Wenn man aber einen ernsthaften Fluch ausstoßen

möchte, fügt man an *gamó to* noch ein Familienmitglied oder einen religiösen Begriff an, also etwa *gamó to* deine Mutter/ deinen Vater/ deine ganze Familie, Gott, Jesus, das heilige Kreuz, *Panagia* (die heilige Jungfrau), die heilige Öllampe oder was dem phantasievollen Sprecher sonst noch dazu einfällt. Der erste Preis sollte an einen alten Seebären verliehen werden, der zu sagen pflegte: »*Gamó to* ein Faß voller Heiliger mit Jesus als Deckel.«

Da solche Schmähungen in der Tat ernstzunehmende Konsequenzen haben können, kann man vorsichtshalber das »dein« in »mein« umwandeln, wenn es einem nur darauf ankommt, im Moment etwas Dampf abzulassen. Das enthebt den Angesprochenen von der Notwendigkeit, das Kompliment gebührend zurückzugeben. Die gesamten eben aufgezeigten Variationen können auch ohne *gamó* verwendet werden; so daß nur noch »deinen Jesus« gesagt wird, wobei jeder versteht, was gemeint ist, aber es klingt nicht mehr gar so vulgär.

Im Garten des griechischen Sprachmißbrauchs treiben noch weitere absonderliche Blüten. Als Beispiel seien hier folgende Redewendungen angeführt, aber nicht unbedingt zur Nachahmung empfohlen: »Mir steckt eine Gurke im Hintern« für: »Ich habe eine schwierige/lästige Arbeit/Aufgabe zu erledigen«; »Er/sie hat einen aufnahmefähigen Anus« für: »Er/sie hat außerordentliches Glück«; »Fahr zur Hölle«, »Laß es dir besorgen« oder sogar: »Scheiß auf mich« bedeutet: »Ich bin völlig anderer Meinung« bzw. »Laß mich in Ruhe«. »Gott gab ihm eine Vorhaut, und er hat daraus eine Gerberei gemacht« heißt: »Er masturbiert andauernd/Er ist ein Taugenichts«. »Nimm dich in acht, sonst werfe ich dich in ein Loch voller Stinkefinger« (erklärt sich wohl von selbst). »Er hat meine Hoden durcheinandergebracht/meine Hoden zum Schwellen gebracht« steht für: »Er geht mir ziemlich auf die Nerven.« »Nimm deinen Finger aus dem Gesäß« ist eine Aufforderung: »An die Arbeit!« und ähnlich: »Er braucht einen Finger im Gesäß« für: »Er braucht Druck oder einen Anreiz, um zu arbeiten«. »Du hast das wie ein Arsch gemacht« würde man beinahe auch im Deutschen so sagen, wenn es darum geht, zum Ausdruck zu bringen, daß einer Scheiße gebaut hat, und ein Synonym dafür ist: »Verkupferte Möse«. Will man sagen, daß jemand völlig auf dem Holzweg ist, greift man – verbal – zum »Hintern deiner Mutter/Tante«. »Ich werde dafür sorgen, daß er Wolle furzt« bedeutet immerhin lediglich: »Ich werde dafür sorgen, daß er vor Angst zittert«.

»Kneif du deine Möse zusammen und hör auf, meinen Dödel zu segeln« zeigt besonderes Erstaunen an. »Komm und zieh an meinen Brustwarzen, damit du deine Muskeln aufbauen kannst« bedeutet ebenso wie »blaue Dödel«, daß das Gegenüber Unsinn erzählt. »Roll es auf und schieb's dir in den Hintern« wird stets zur Antwort gegeben, wenn sich jemand erkundigt, was er mit einem Gegenstand tun soll, selbst wenn es sich hierbei um einen Schrank handeln sollte.

Wer eine/n andere/n *putána* (Hure) oder *pústis* (passiver Homosexueller) nennt, geht beinahe an die Grenzen des Erträglichen, aber auch diese Begriffe werden gern mit allem oben Erwähnten kombiniert. Die Handlungen *putaniá oder pustiá* bedeuten, daß man jemand anderem etwas Böses antut oder etwas Verwerfliches hinter seinem Rücken anzettelt. *Keratás* (ein horntragender Mann) ist im engeren Sinn des Wortes ein gehörnter Ehemann, aber dieser Begriff wird auch unabhängig von seiner wirklichen Bedeutung als eine abgemilderte Schmähung verwendet.

Dann gibt es natürlich auch noch den »Esel« oder das »Maultier« (für jemanden, der schwer von Begriff ist), den Arschjungen (unartig, verantwortungslos und unvorsichtig) und den »dreckigen Geschirrlappen« (eine Frau, die nichts taugt). Dies ist nur ein kleines Bukett von Giftblüten aus dem Sprachgarten Griechenlands, das noch mit einem passenden Allroundwort zusammengebunden werden soll: *Skásse* (zerplatze – ähnlich wie: Halt's Maul), womit man jedermann zum Schweigen bringen kann.

Feiern & Feste

In Griechenland glaubt jeder an die Macht des bösen Blicks, auch wenn jeder einzelne noch so sehr das Gegenteil beteuert. Man wird in ganz Griechenland kein Kind finden, das keine türkisfarbige Perle trägt, auf der manchmal sogar ein Auge aufgemalt ist, zum Schutz gegen den bösen Blick. Aus demselben Grund tragen Pferde und Esel auf dem Lande ganze Perlenschnüre um den Hals, und in den Städten werden die Rückspiegel der Autos damit geschmückt.

Eine Mischung aus Tradition und Aberglauben durchzieht auch heute noch verschiedene Aspekte des griechischen Alltagslebens. Ein Grieche wagt es beispielsweise niemals, den Charme, die Schönheit oder die Eleganz einer anderen Person laut zu preisen, ohne seine Komplimente mit einem beständigen *ptt – ptt* zu begleiten, gerade als ob er höflich versuchen wollte, einen Tabakkrümel, der sich an den Lippen festgeklebt hat, zu entfernen (das gilt insbesondere, wenn von Kindern die Rede ist). Auch wird ständig »auf Holz geklopft«, um dem Neid der Götter zu entgehen, wann immer man sich seines Glückes rühmt.

Es bedeutet Unglück, ganz zu schweigen von den

schlechten Manieren, wenn man einem Gast zu Hause nicht einmal eine kleine Erfrischung anbietet. Dabei spielt die Tageszeit oder die Dauer des Besuchs nicht die geringste Rolle. Klassischerweise werden Gäste mit einer kleinen Portion Eingemachtem auf einem kleinen Teller und einem Glas frischen Wassers begrüßt. Heutzutage kann dies aber auch durch Kaffee, Gebäck, Pralinen, Eiscreme oder Alkohol ersetzt werden.

Besucher spielen eine wichtige Rolle beim Erhalt des Wohlstandes in einem Hause. Eine ganz besondere Bedeutung kommt dem Gast zu, der am Neujahrstag als erster über die Türschwelle tritt. Am ersten Januar sind daher besonders wohlmeinende Gäste am frühen Morgen hochwillkommen. Diese Freunde müssen darauf achten, das Haus des Gastgebers mit dem rechten Fuß zuerst zu betreten und dem Gastgeber gleichzeitig seine Neujahrswünsche zuzurufen. Früher schenkte man sich zu diesem Anlaß einen Granatapfel, der beim Betreten der Wohnung kräftig auf den Fußboden geschleudert wird. Je mehr Samenkerne dabei verstreut werden, desto üppiger soll das Geld in diesem Jahr fließen. Im übrigen ist es einem Gast, der nicht vorhat, die Nacht in diesem Haus zu verbringen, nicht erlaubt, sich auf dem Grundstück des Gastgebers die Nägel zu schneiden oder die Haare zu kämmen, wenn er nicht dessen Prosperität gefährden will.

Das Brauchtum basiert in der Regel auf religiösen Ritualen oder ist mit besonderen Festtagen verbunden. Vieles davon ist heidnischen Ursprungs und lediglich oberflächlich mit ein wenig christlichen Inhalten übertüncht. Grundsätzlich sind die Griechen nicht besonders fromm, sie sind keineswegs bigott oder in irgendeiner Weise selbstgerecht. Die griechisch-orthodoxe Kirche droht denjenigen, die es verabsäumen, die Messe zu besuchen, nicht mit ewigem Höllenfeuer und Schwefel. Ebensowenig steckt sie ihre Nase in das Privatleben der Gläubigen.

Ein religiöser Brauch, der aus vorchristlichen Zeiten stammt, sind die Votivgaben. Wenn Menschen krank oder in Lebensgefahr sind, versprechen sie, einem Heiligen ihrer Wahl als Zeichen ihrer Dankbarkeit ein Opfer darzubringen – eine Art Bestechungsgeld, wenn er zu ihren Gunsten für sie eintritt. Das Repertoire der Opferhandlungen ist ziemlich weit gesteckt; es reicht vom Bau einer Kapelle bis zum Anzünden einer Kerze.

Die Griechen opfern aber auch eine *táma*, ein dünnes Silbertäfelchen, auf dessen Mitte ein Abbild des Gegenstandes eingeprägt ist, der Gegenstand der Bitte war, der also gesunden oder aus der Gefahr gebracht werden sollte (Herzen, Augen, Füße, Hände, Kinder, Häuser, Boote oder auch Autos). Mit diesen Gaben werden die Rahmen von Ikonen geschmückt, die nicht nur als Gemälde, sondern auch selbst als Kultgegenstände verehrt werden. Einige Ikonen gelten sogar als wundertätig; die Ikone der Jungfrau Maria auf der Insel Tinos zieht beispielsweise mehr Pilger an als Lourdes.

Eine reizende Tradition ist mit der Taufe eines Kindes verbunden. Der Pate hat das Kind mit einem goldenen Kreuz an einer Kette und einem kompletten Sonntagsstaat einschließlich der Schuhe auszustatten. Würde er dies nicht tun, wird das Kind lediglich durchs Leben stolpern und zeitlebens niemals genug zum Anziehen haben.

Über das Leben nach dem Tod

Die unbeirrbar optimistische Lebenseinstellung der Griechen wird nirgendwo sonst so deutlich wie bei ihren Beerdigungsbräuchen. Da niemand von sich glaubt, ein wahrer Sünder zu sein, ist jeder Grieche der Auffassung, nach seinem Tod in den Himmel aufzufahren und dort auf einer für ihn reservierten Wolke Platz nehmen zu können. Der Tod ist daher für die Griechen kein allzu schreckliches Ereignis.

Die Beerdigungen selbst laufen nach einem komplizierten und streng ritualisierten Protokoll ab, und nach einer Beerdigung werden alle Trauergäste stets zu Kaffee und einem Schnäpschen geladen. Die engeren Verwandten und Freunde versammeln sich anschließend zum Totenschmaus, zu der ein Fischgericht serviert wird. Am vierzigsten Tag nach dem Sterbetag wird ein Gedenkgottesdienst abgehalten, bei dem eine köstliche Mischung aus gekochtem Weizen, verschiedenen Nußarten, anderen Samensorten, Rosinen und Zucker in Erinnerung an den Verstorbenen gegessen wird.

Da Feuerbestattungen von der orthodoxen Kirche nicht erlaubt werden, ruhen die toten Griechen in weißen Marmorgräbern, die von einem großen weißen Marmorkreuz überragt werden.

Drei Jahre nach der Beerdigung werden die Knochen exhumiert und in private Ruhestätten überführt, um das Problem einer Überbelegung der Friedhöfe zu vermeiden. Frische oder Kunstblumen sowie immer brennende Öllampen in aufwendig gearbeiteten Glasampeln gehören zur Standarddekoration jedes Grabes. Knallbunte Plastikeimer hängen in der Regel hinter jedem

Grabstein und legen darüber Zeugnis ab, daß die treuen Anverwandten regelmäßig die Grabplatte sauberputzen.

Jeden Tag und den ganzen Tag über herrscht auf den Friedhöfen ein reges Kommen und Gehen. Priester in ihren schwarzen Ornaten schreiten die einzelnen Grabreihen ab und stehen jedem zur Verfügung, der den Wunsch hat, einen kurzen zehnminütigen Gedenkgottesdienst an der letzten Ruhestätte eines Verstorbenen abzuhalten. Bei Nacht verleihen die unzähligen Lichter der Öllampen den meist im Schatten von Zypressen angelegten Friedhöfen eine ausgesprochen friedvolle Wirkung und keineswegs eine gruselige Atmosphäre.

Der unerschütterliche Glaube an ein Leben nach dem Tode, das in jedem Falle besser als das irdische ist, hat natürlich zur Folge, daß Ostern das mit Abstand wichtigste religiöse Fest ist. Es beginnt in der Karwoche, während derer beinahe jeder fastet und zumindest einmal zur Kirche geht, sei es auch nur für ein paar Minuten, um wenigstens an einem der für diesen Anlaß extra gehaltenen Gottesdienste teilzunehmen. Am Karfreitag wird die blumenübersäte Totenbahre Christi in einer Prozession umhergetragen. Den Höhepunkt bildet die Mitternachtsmesse in der Osternacht, die unter freiem Himmel zelebriert wird. Wenn das vorbei ist, wird der Nachthimmel durch Raketen und Feuerwerk zum Leuchten gebracht als Zeichen dafür, daß Christus auferstanden ist, und die Straßen füllen sich mit Menschen, die mit brennenden Osterkerzen in der Hand nach Hause gehen.

Ein Ostersonntag ist ohne ein am Spieß gebratenes Lamm und ohne das Aneinanderschlagen rotgefärbter hartgekochter Eier zwischen allen Anwesenden unvorstellbar. Hierbei hält eine Person ihr Ei in der Hand, wobei die Spitze nach oben zeigen muß. Ein weiterer Gast haut mit der Spitze seines Eies auf die Spitze des Eies der ersten Person. Dazu wird gesagt: »Jesus ist auferstanden« und als Antwort: »Ja, er ist wahrhaft auferstanden.« Anschließend werden die Eier gedreht und die Rollen getauscht. Danach hat die Familie unzählige angeknackte Eier zu schälen, aus denen für den nächsten Tag ein hervorragender Eiersalat zubereitet wird.

Gesundheit & Körperpflege

Im Hinblick auf ihre Gesundheit verhalten sich die Griechen wie ein Vogel Strauß. Wenn sie es vermeiden können, mit einem Arzt über ihre Symptome zu sprechen, verschwindet ihr Leiden wie von selbst. Andererseits kann jedermann ausführliche Beschreibungen ihrer Gebrechen bis hin zum kleinsten unappetitlichen Detail zu hören bekommen, der ein Ohr dafür hat. Da jeder Grieche sich selbst für eine Art Hippokrates hält, wird man jede Menge Diagnosen und Therapievorschläge erhalten. Im allgemeinen nehmen die Griechen Krankheit wie Gesundheit gleichermaßen als Schicksal hin. Häufig hört man in diesem Zusammenhang den Ausspruch: »Wenn deiner Öllampe das Öl ausgegangen ist, können weder die Heiligen noch die Ärzte etwas dagegen tun.«

Tatsache ist zwar, daß die Griechen nicht gerne zum Arzt gehen, aber sie nehmen unglaublich gern Medikamente ein. Eine Apotheke ist daher eine krisensichere Existenz, und es gibt sie in Griechenland daher auch an jeder Straßenecke. Die meisten Arzneimittel – außer solchen, die abhängig machen – sind rezeptfrei erhältlich und werden einfach so über den Ladentisch verkauft. Dies gilt auch für die Pille. Daher werden Antibiotika und andere Medikamente wie Gummibärchen geschluckt. Die Griechen denken nicht einmal daran, einen Arzt aufzusuchen, wenn das Heilmittel beim Cousin dritten Grades des Nachbarn bei ähnlichen Symptomen gut gewirkt hat. Es wird dann auch bei der eigenen Krankheit wirken. Sie nehmen es einfach und pfeifen auf die Konsequenzen.

Wenn jedoch ein Arzt einmal eine bestimmte Therapie verordnet, befolgen die meisten Griechen diese nicht. Ein Arzt für Allgemeinmedizin berichtet, daß nur die Hälfte derjenigen, die wirklich auf ärztliche Hilfe angewiesen wären, zu einem Arzt gehen, bevor ihr Zustand wirklich kritisch wird. Von denen, die einen Arzt aufsuchen, richtet sich etwa nur die Hälfte nach den ärztlichen Anweisungen. Wiederum die Hälfte dieser Griechen nimmt überhaupt die verordneten Arzneimittel ein. Weniger als die Hälfte dieser verschwindend geringen Minderheit hält es für erforderlich, die Medikamente bis zum Ende der vorgesehenen Einnahmezeit tatsächlich auch einzunehmen und sich nach Abschluß der Behandlung noch einmal beim Arzt zu einer Abschlußuntersuchung einzufinden. Um dem Leser das Nachrechnen zu ersparen: Dieses vorbildliche Verhalten legen nur etwa fünf Prozent aller Griechen an den Tag.

Hypochonder sind relativ selten zu finden. Die einzigen Mikroben, die man in den Großstädten wirklich fürchtet, sind die, die herumstreunende Hunde und Katzen (oder die Haustiere der Nachbarn) mit sich herumschleppen könnten.

Nur wenige Griechen glauben an die präventive Medizin. Man hält Ärzte für ein notwendiges Übel, dem man sich erst anvertraut, wenn alles andere versagt hat.

Trotz der Tatsache, daß etwa acht von zehn Griechen freie Heilfürsorge zusteht und sie nur einen geringen Prozentsatz ihres Monatseinkommens für Krankenhauskosten oder Medikamente zahlen müssen, kann das staatliche Gesundheitswesen und die noch hochwertigere medizinische Hilfe, die von den verschiedenen Krankenkassen angeboten wird, die Bedürfnisse der Griechen nicht befriedigen. Die Korruption, die bei allen öffentlichen Einrichtungen in Griechenland einfach dazugehört, ist nirgendwo so offensichtlich wie in den mehrheitlich in Staatsregie betriebenen Krankenhäusern.

Gerüchten zufolge kann ein diskret überreichter Umschlag mit einer nicht unerheblichen Summe Geldes eine weit überdurchschnittliche Behandlung durch den Chirurgen, der eine Operation vornehmen soll, gewährleisten. Die Zuweisung auf bestimmte Stationen oder Betten erfolgt oft durch mehr oder minder kleine Bestechungen. Obgleich die Schwestern wahre Engel der Barmherzigkeit sind, arbeiten sie und das übrige Pflegepersonal grundsätzlich eher nach dem Prinzip von Hotelpersonal: Je mehr Trinkgeld – im voraus! – verteilt wird, desto besser wird der Service sein.

Staatliche Krankenhäuser gleichen in vielen Fällen denen in der dritten Welt. Hinter schäbigen Fassaden schlecht erhaltener Gebäude und in nicht gerade blitzblanken Krankenstationen gibt es jedoch überall ausgezeichnete Ärzte von Weltruf und sehr gute Krankenschwestern. Die Einhaltung von Ordnung und Sauberkeit sind nun einmal Aufgabe der Verwaltung und nicht der Ärzteschaft.

Dadurch, daß die Freunde und Verwandten der Kranken zu allen Tages- und Nachtzeiten in die Krankenhäuser zu Besuch kommen, wird der Dritte-Welt-Eindruck noch verstärkt. Manchmal verbringen sie sogar eine Nacht auf der Station. Sie treten den Patienten gegenüber nicht wie Besucher auf, sondern eher wie liebevolle Privatschwestern. Vier solcher hilfreichen Geister kommen pro Tag durchschnittlich auf einen Patienten.

Es wird niemanden verwundern, wenn sich die Griechen, die es sich leisten können oder deren Versicherungen die Kosten tragen, den Luxus von Privatkrankenhäusern bevorzugen. Der Haken hierbei liegt allerdings darin, daß passend zum diesem Fünf-Sterne-Service oftmals leider keine Fünf-Sterne-Ärzte zur Verfügung stehen.

Sauberkeit

Hinsichtlich der Sauberkeit kommen die Griechen gleich hinter den Japanern an zweiter Stelle. Hausputz ist Ehrensache und ein Lieblingszeitvertreib von mindestens neunzig Prozent aller griechischen Hausfrauen. Daher das hierzulande gängige Sprichwort: Sauberkeit ist die eine Hälfte der Vornehmheit. Da die Griechen keinen Sinn für eine Privatsphäre haben, werden alle Türen eines Hauses – mit Ausnahme der Badezimmertür – stets weit geöffnet gelassen. Damit zeigt die Hausherrin, daß sie keine heimlichen Schmutzstellen zu verbergen hat.

Griechinnen sind auf ihr Zuhause außerordentlich stolz. Selbst wenn sie berufstätig sind, verbringen sie die restlichen Stunden des Tages damit, ihren Frondiensten im Haushalt nachzukommen, um das Haus sauber und ordentlich zu halten, entsprechend den Wünschen ihrer Familien. Es kommt durchaus vor, daß sie über alle modernen Haushaltsmaschinen verfügen, aber nur die Ellenbogenschmiere hält das häusliche Getriebe am Laufen. Ihre Ehemänner verhalten sich noch immer wie orientalische Paschas, die erwarten, von ihren Frauen von vorne bis hinten bedient zu werden. Für einen griechischen Mann wäre es schmachvoll unmännlich, auch nur den kleinen Finger im Haushalt zu rühren.

Glücklicherweise erreichte in den letzten Jahren eine unübertroffene Erfindung die griechischen Haushalte: das philippinische Hausmädchen. Niemand kann sich mehr daran erinnern, wie alles anfing. Es griff aber wie ein Lauffeuer um sich, so daß nun etwa eine halbe Million Filipinas und Frauen aus anderen Herkunftsländern als Hausmädchen in Griechenland arbeiten – die Hälfte davon illegal. Wenn man zu diesen Perlen noch die einheimischen Kolleginnen aus Nord-Epirus und Albanien hinzuzählt, sieht die Zukunft der griechischen Hausfrau wesentlich rosiger aus als bisher.

Die Sorgfalt, mit der die Griechen ihr Privateigentum pflegen, lassen sie aber nicht unbedingt auch dem öffentlichen Raum, in dem sie sich auch aufhalten, angedeihen. Man sieht sie zwar regelmäßig den Bürgersteig vor ihrer Haustüre schrubben und auch noch die nahe gelegenen Baumstämme weißen, im übrigen sind sie aber notorische Abfallferkel und Umweltrowdys. Jedes Jahr werden Unsummen für Werbekampagnen ausgegeben, worin die Griechen – leider vergeblich – aufgefordert werden, die Natur und die Strände sauberzuhalten.

Persönliche Sauberkeit

Aus Sicht der Statistiker ist die durchschnittliche Anzahl der Duschvorgänge beeindruckend. Mindestens die Hälfte aller Griechen duscht dreimal täglich und wechselt entsprechend häufig auch die Kleidung. Die andere Hälfte hält es aber nicht für erforderlich, wenigstens einmal pro Tag zu duschen. Gerade deswegen sollte man es besonders in der Sommerzeit vermeiden, in den Stoßzeiten einen Bus zu benutzen. Etwa neunundneunzig Prozent aller Frauen nutzen die eine oder andere Methode, um ihre Haare von den Beinen oder den Achselhöhlen zu entfernen. Der Markt für Deodorants boomt geradezu. Doch die Mehrzahl aller Männer benutzt nur eine After-shave-Lotion, während sie Deodorants für Weiberkram halten.

In Griechenland gibt es drei Arten von wirklich sehr schmutzigen Menschen:
1) alte Bauern, die es für gesundheitsschädlich halten, mehr als zweimal pro Jahr zu baden;
2) illegale Einwanderer aus Albanien, die den ganzen Weg aus ihrer Heimat zu Fuß gelaufen sind und sich seit dem Ende der kommunistischen Herrschaft nicht mehr gewaschen haben;
3) Zigeunerinnen und ihre Kinder, die sich darum bemühen müssen, die Passanten davon zu überzeugen, daß sie so sehr in Not sind, daß nur eine 100-Drachmen-Münze ihr Schicksal wenden kann. Diese Frauen tragen gewöhnlich ein völlig dreckiges und scheußlich kreischendes Baby auf dem Arm, das sie von seiner wirklichen Mutter gegen eine Beteiligung an den Einnahmen ausgeliehen haben.

Trotz der zahlreichen knoblauchgewürzten Gerichte in der griechischen Küche hat man nur selten unter den Knoblauchausdünstungen der Mitmenschen zu leiden. Der Verbrauch an Kaugummi ist erstaunlich hoch. Gewöhnlich wird der Kaugummi mit weitgeöffnetem Mund gekaut, ganz so wie es die amerikanische Tradition vorschreibt. Kaugummi dient bei denen, die das Rauchen aufgeben möchten, häufig als Ersatz für eine Zigarette.

Die Griechen produzieren nicht nur sehr viel Tabak – sie konsumieren auch entsprechende Mengen – etwa achtundzwanzig Milliarden Zigaretten pro Jahr. Das Rauchen wird unter Teenagern noch immer als Zeichen eines modernen Lebensstils angesehen. In Anbetracht der nahezu sprichwörtlichen griechischen Zügellosigkeit fällt es Erwachsenen schwer, diese Angewohnheit aus der Jugend aufzugeben.

Als Standardantwort auf die Schmähungen der Nichtraucher hat der griechische Raucher sofort den Ausspruch eines bekannten griechischen Theaterschriftstellers zum Tod eines Freundes parat: »Armer Mann. Die Ärzte haben ihm geraten, auf das Rauchen, das Trinken, die Frauen und die langen Nächte zu verzichten. Und was ist passiert? Er starb unglücklich, jedoch bei bester Gesundheit, als er von einem Auto überfahren wurde.«

Organisationen & Institutionen

Griechische Organisationen sind – sagen wir mal – recht
weit von der Regelmäßigkeit eines Uhrwerks entspre-
chender deutscher Organisationen entfernt. Einige von
ihnen funktionieren auf die ihnen eigene Art und Weise,
andere kommen erst gar nicht in Gang, und niemand
weiß, woran es liegt; daher sollte man von vornherein
auf alles gefaßt sein. Das Grundproblem besteht jedoch
darin, daß den meisten Griechen bereits eine Vorstellung
vom Begriff Organisation völlig fehlt, obwohl sie selbst
das Nichtfunktionieren derartiger Einrichtungen in ihrem
Land ständig beklagen.

   In Athen beispielsweise herrscht häufig Wasserman-
gel. Das Leitungsnetz ist hoffnungslos überaltert. Dies
hat zur Konsequenz, daß die Athener in Trockenperioden
ihren Wasserverbrauch erheblich einschränken oder
exorbitante Wasserpreise zahlen müssen. Eine Dürre
kann auch bei der Stromversorgung zu Schwierigkeiten
führen, die so weit gehen, daß dem ganzen Land ein
Blackout droht. Zuviel Regen oder schlechtes Wetter ver-
ursachen aber wiederum genau dieselben Probleme und
sorgen dafür, daß unter Umständen der Ausnahmezu-
stand ausgerufen wird.

Das Telefonnetz ist nicht wesentlich besser. Es ist durchaus nicht ungewöhnlich, daß man am Telefon das Gespräch anderer Menschen zufällig mit anhören kann. Ebenso passiert es häufig, daß die gewählten Nummern falsch vermittelt werden und man für die falsche Verbindung auch noch bezahlen muß.

Der öffentliche Nahverkehr nimmt von einem Begriff wie Fahrplan in aller Unschuld einfach keine Notiz, und die Hauptverkehrszeit liefert täglich dutzendfach Beweise für den Spruch: »Es gibt keine Büchse, in die man nicht noch eine Sardine hineinquetschen könnte.« Inlandsflüge sind auch nicht gerade zuverlässig, etwas anders ist es bei internationalen Linienflügen. Dennoch kann man einen Witz über die griechische nationale Fluglinie nicht unzitiert lassen, weil er wirklich unwiderstehlich ist:

Ein Flugzeug befindet sich im Anflug auf den New Yorker Flughafen.
Der Pilot erkundigt sich im Tower nach der Ortszeit.
»Wenn Sie zu Pan Am gehören, ist es jetzt 14.00 Uhr«, antwortet der Fluglotse. »Wenn Sie zu Air France gehören, ist es jetzt zwei Uhr. Wenn Sie aber zu Olympic Airways gehören, ist es heute Dienstag.«

Taxis sind, wenn man sie am allernötigsten braucht, niemals zur Stelle, obwohl Athen im Vergleich zu anderen europäischen Hauptstädten die größte Anzahl Taxis aufweisen kann. Es ist durchaus möglich, ein bereits besetztes Taxi heranzuwinken. Man muß dann die grobe Fahrtrichtung dem Fahrer zurufen. Wenn die Ziele der bereits beförderten Insassen etwa in der Nähe des Bestimmungsortes des hinzukommenden Fahrgastes liegen, wird er mitgenommen. Es wird allerdings erwartet, daß jeder Fahrgast vom jeweiligen Zusteigen bis zur Ankunft den vollen Fahrpreis bezahlt, geradeso, als ob er alleine gefahren wäre.

»In Griechenland«, sagt ein Sprichwort, »ist nichts dauerhafter als das Provisorische.« Mit der beabsichtigten Privatisierung der meisten öffentlichen Dienstleistungen und der Notwendigkeit, den Abstand zu den anderen Mitgliedern der Europäischen Union aufzuholen, sind in letzter Zeit enorme Verbesserungen und Fortschritte sichtbar geworden, so daß das Funktionieren gewisser Einrichtungen nicht mehr nur am Maßstab der Ewigkeit gemessen wird.

Andererseits steht natürlich auch zu befürchten, daß die Griechen in einem vereinigten Europa einen schlechten Einfluß auf die anderen Staaten ausüben, indem sie ihnen zeigen, wie man mehr Freude in seinem Leben gewinnen, weniger arbeiten und das Morgen für sich selbst sorgen lassen kann.

Eines aber ist sicher: Wann immer ein gewisser Anteil von Griechen in einer bestimmten Organisation mitarbeitet, wird diese über kurz oder lang auf griechische Weise funktionieren.

Erziehung & Bildung

Keine Institution wird in Griechenland so heftig gerügt wie das öffentliche Erziehungswesen. Wie üblich, kümmert das niemanden, am wenigsten die Lehrer.

Als Beispiel sei folgendes angeführt: Eine Einführung in das klassische Altertum wurde praktisch von den Lehrplänen gestrichen, da es für die Kinder zu belastend sei. Es wird lediglich ein oberflächliches Halbwissen vermittelt. Rechtschreibfehler werden in der Schule nicht mehr korrigiert, um den Schülern lebenslange Traumata zu ersparen. Da die meisten Schulen nicht über eine ausreichende Anzahl von Klassenräumen verfügen, wird der Unterricht in Schichten erteilt. Privatschulen hingegen sind wesentlich besser, aber auch sehr teuer.

Die Zulassung zu den Universitäten, die alle staatlicher Leitung unterstehen, hängt von den Ergebnissen der landesweiten Zulassungsprüfungen ab. Da alle griechischen Eltern davon träumen, daß ihre Kinder einen akademischen Abschluß – gleichgültig auf welchem Sektor – erlangen, wird, falls nötig, ein Vermögen aufgebracht, um den Studenten die erforderlichen privaten Tutorien ermöglichen zu können. Gewöhnlich sind es dieselben Hochschullehrer, denen es am Morgen nicht gelingt, ihren Studenten das Universitäts-Curriculum in den Kopf zu hämmern, die am Nachmittag gegen ein enormes Entgelt Wissen sehr erfolgreich vermitteln können.

Diejenigen, die ihre Prüfung nicht mit der erforderlichen guten Note bestehen und deren Eltern sich die entsprechenden Tutorien nicht leisten können, gehen zum Studieren ins Ausland. Erstens ist der Zugang zu den Universitäten über die Ausländerquote leichter, und zweitens trägt ein Examen im Ausland einen in Griechenland oft sehr begehrten Stempel.

Ein Studium hilft den jungen Männern, der Konfrontation mit den Härten des Militärdienstes noch etwas aus dem Weg zu gehen. Für Männer besteht eine siebzehnmonatige Wehrpflicht, während Frauen nur freiwillig zur Armee gehen können. Durch das Studium wird der Zeitpunkt der Einberufung lediglich verschoben – aber sie trifft jeden bis zum fünfunddreißigsten Lebensjahr. Wer es so lange vor sich herschieben konnte, wird von den anderen Soldaten dann zwar Großvater genannt und erbarmungslos von ihnen gequält, aber es gibt keinen Weg, der Einberufung zu entgehen. Es sei denn, man täuscht körperliche oder geistige Mängel vor, oder man erscheint in Frauenkleidern im Musterungsbüro.

Griechen am Steuer

Nerven aus Stahl, die Reflexe eines Trapezkünstlers und ein sehr wachsamer Schutzengel sollten zum Rüstzeug eines jeden guten Autofahrers in Griechenland gehören, wenn er unbeschadet im Straßenverkehr bestehen will.

Die Griechen verbindet eine Haßliebe zu ihrem Armaturenbrett. Der ahnungslose Verkehrsteilnehmer kann nur erraten, wie sich das Auto vor ihm wohl verhalten wird: Es kann jederzeit die Spur wechseln, drehen, abbremsen oder plötzlich ohne jede Vorwarnung zum völligen Stillstand kommen.

Das Überfahren eines Stop-Schildes, Überholen und

Tausende anderer Verkehrsübertretungen sind eher die Regel als die Ausnahme. Gehupt wird oft bei den geringsten Anlässen oder Provokationen.

Frage: Wie kurz ist die kleinste Zeiteinheit, die ein Mensch noch wahrnehmen kann?
Antwort: Es ist die Zeit, die zwischen dem Grünwerden der Ampel und dem Hupen des jeweiligen Hintermanns vergeht.

Ein Autofahrer benötigt in Griechenland ein sehr weitwinkliges Sehen. Er muß praktisch gleichzeitig nach rechts und nach links schauen können, wenn er auf eine Kreuzung zufährt. Er darf sich keinesfalls darauf verlassen, was die Verkehrszeichen eigentlich vorsehen. »Rechts vor links« ist eine Verkehrsregel, die erst nach einem Unfall ins Gespräch kommt, um den wahrhaft Schuldigen an diesem Unglück zu ermitteln.

Die Motorradfahrer, die üblicherweise ohne Helm fahren, schlängeln sich nach bestem Wissen und Gewissen mit einer Sorglosigkeit durch die Autokolonnen hindurch, daß einem oftmals das Blut in den Adern gerinnen könnte. Daß Bürgersteige und Fußgängerüberwege nur für die Fußgänger da sind, kommt ihnen gar nicht erst in den Sinn.

Staat & Verwaltung

Es ist eine bekannte Tatsache, daß jedes Volk die Regierung bekommt, die es verdient. Dieser Satz trifft für die Griechen besonders zu. Die einander abwechselnden Regierungen (gleichgültig welcher politischen Couleur) weisen potenziert dieselben Mängel und Schwächen auf, die auch bei jedem einzelnen Durchschnittsgriechen festzustellen sind. Das Problem liegt darin, daß nichts und niemand den Griechen deutlich machen kann, daß sich die Regierungen in den letzten 150 Jahren ausschließlich aus den Reihen ihres eigenen Volkes rekrutierten. Sie beschweren sich unablässig, daß die Vertreter, die sie gewählt haben, ihren Erwartungen nicht im geringsten entsprechen.

Wenn aber einmal eine Situation eintritt, in der ein eindeutiges Handeln erforderlich ist – sei es, um auf bestimmte Interessengruppen Druck auszuüben oder sich in irgendeiner Form zusammenzutun, um ein drohendes Übel abzuwenden –, hebt jeder seine Schultern und verteidigt sich: »Das gehört nicht zu meinen Aufgaben.« Jedermann erwartet, daß die Regierung aus einer heiligen Dreifaltigkeit aus Merlin, Mary Poppins und Krösus bestehen soll. Die Maxime: »Frage nicht, was dein Staat für dich tun kann, sondern überlege, was du für dein Land tun kannst«, ist nichts, womit ein Grieche etwa anzufangen wüßte.

Die Phrase »Wenn ich Ministerpräsident wäre, würde ich …« taucht praktisch in jeder politischen Diskussion unter Griechen auf. Sie zählen dann sehr gerne mit großer Überzeugungskraft eine Vielzahl von Problemen auf, mit denen sich Griechenland schon seit Jahrhunderten herumschlägt und deren Lösung sie nur so aus dem Ärmel schütteln würden.

Trotz der zweifellos hohen Intelligenz der Individuen sind die Griechen als Volk allzu leichtgläubig, besonders, wenn ihnen ein charismatischer Politiker das erzählt, was sie hören wollen. Sie leisten ihm bis zum bösen Erwachen treue Gefolgschaft und wenden sich dann dem nächsten Kandidaten, der ins Rampenlicht tritt, zu. Unerschütterlich ist ihr Glaube an »den neuen Mann«, der verspricht, aus dünner Luft all das hervorzuzaubern, was das Land nun schon so lange Zeit entbehren muß, und der ein neues Goldenes Zeitalter einläutet. Wenn er diese Erwartungen aber nicht erfüllt, wird der Grieche ärgerlich und wählt ihn wieder ab.

Normalerweise stehen griechische Politiker selbst bei denjenigen nicht in hohem Ansehen, die sie in ihr Amt gewählt haben. Man glaubt, Politiker seien korrupt und würden ihr eigenes Nest beschmutzen. »Wer würde nicht seine Finger abschlecken, wenn ein anderer Honig darüber laufen ließe?« ist eine gängige Redensart. Wenn ein Politiker sehr diskret an seinen Fingern leckt, wird ihm daraus kein Vorwurf erwachsen. Wer aber die ganze Hand in den Honigtopf steckt, kommt unweigerlich ins

Gerede und liefert den scharfzüngigen Kabarettdichtern reichlich Stoff für ihre neuen Revuen. Die meisten Opfer dieses Spottes werden damit aber recht gut fertig und gehen unbeschadet aus dem Skandal hervor.

Die Griechen haben einen Hang zum Fanatismus, der von den Medien in einem Ausmaß angefeuert wird, wie dies in anderen Ländern undenkbar erscheint. Interne Zwistigkeiten sind seit Anbeginn der Zeiten der Fluch der griechischen Gesellschaft gewesen. Ideale spielen bei der Wahl der Seiten eine eher untergeordnete Rolle, was natürlich ein Grieche kaum jemals zugeben wird. Die Treue zu einer bestimmten Partei hängt mehr oder minder davon ab, ob ihr Führer in der Gunst der Öffentlichkeit steht, wie groß seine Überzeugungskraft ist und ob sein Propagandastab gute Arbeit leistet. Erst an zweiter Stelle stehen sein Programm, seine Fähigkeiten und Leistungen. Der entscheidende Faktor ist stets der persönliche Vorteil, den man von einer Partei erwarten darf, wenn man ihr die Stimme gibt.

Ob diese Partei dann auch gut für Griechenland ist, ist eine Frage, die kaum einem Griechen den Schlaf raubt.

Bürokratie

Andere Völker haben bürokratisch arbeitende Verwaltungen, die Griechen haben »Beziehungen« – üblicherweise einen angeheirateten Cousin dritten Grades, ein *coumpáros* oder den Freund eines Freundes – in jedem beliebigen Ministerium oder ganz allgemein im öffentlichen Dienst. Das ist eigentlich auch kein Wunder, da in

Griechenland mehr als ein Zehntel der Bevölkerung in irgendeinem öffentlichen Amt tätig ist. Diese »Freunde« können nun bestimmte Abläufe beschleunigen. Manchmal geschieht dies als Gefallen, manchmal auch als Gegenleistung für einen gleich großen Dienst, um den man gebeten wurde. Es gibt sogar einen wilden Popsong, der diese Verhältnisse anprangert: »Sie alle nehmen Bakschisch, je fetter desto lieber ...«

Wer aber nicht das Glück hat, über Verbindungen zur Bürokratie zu verfügen, der wird auf große Probleme stoßen. Dies liegt vor allem auch daran, daß die Bürokratie in Griechenland gewissermaßen zu einer Kunstform erhoben wurde: Es ist die Kunst, sich die Bürger zu Gegnern zu machen. Der Grieche, der es, unter welchen Umständen auch immer, fertiggebracht hat, ein Bediensteter in der Zivilverwaltung zu werden, fühlt sich in neun von zehn Fällen weder als Staatsdiener, also dem Gemeinwohl dienend, noch verhält er sich zivil.

Hinter seinem Tisch verbarrikadiert, hat er sich zu einem Stuhlzentauren entwickelt, führt sich auf wie ein Operetten-Diktator, scheut jede echte Verantwortung, quält aber gerne die unglücklichen Bürger, die das Pech haben, seiner Gnade ausgeliefert zu sein. Selbst wenn es nur darum geht, eine einfache Bescheinigung zu erhalten, wächst sich das zu einer größeren Operation aus, die mehrere Stunden, wenn nicht sogar Tage in Anspruch nehmen kann und in deren Verlauf man es mit mindestens sechs unterschiedlichen öffentlichen Bediensteten zu tun bekommt, die den Bittsteller mit ganz unterschiedlichen Formen der Nichtachtung, Unhöflichkeit oder reiner Bösartigkeit malträtieren, man muß kilome-

terlange Korridore entlangwandern und schlecht be-
leuchtete Treppen hinauf- und herabsteigen, um eine
Unterschrift von dem einen, einen Stempel von dem anderen oder eine Mitzeichnung eines Dritten zu erhalten.
Wer einmal in die Klauen der griechischen Bürokratie geraten ist, wird ein Szenario wie in Kafkas *Prozeß* als an-
genehmen Spaziergang durch einen Park empfinden.

Es gibt aber auch durchaus öffentliche Bedienstete,
die weit davon entfernt sind, faul zu sein und die in ihre
Büros gehen, um zu arbeiten. Sie beschäftigen sich eben
nicht nur mit Zeitungslesen und Kollegentratsch, sie tun
alles, um der Öffentlichkeit effektiv und liebenswürdig
zu dienen. Bei ihnen handelt es sich allerdings um eine
vom Aussterben bedrohte Spezies. Man geht davon aus,
daß es etwa 10–20 % der Arbeitskräfte im öffentlichen
Dienst geschuldet ist, wenn das Land bis jetzt noch nicht
auseinandergebrochen ist.

Verbrechen & Strafe
Das griechische Strafrecht beruht hauptsächlich auf dem
deutschen Strafgesetzbuch, das mit Otto, dem ersten
König des modernen Griechenland, der seinerseits aus
Bayern stammte, eingeführt wurde, was vor allem bedeutet, daß man als Angeklagter vor Gericht seine Unschuld beweisen muß. Glücklicherweise gibt es keine
absonderlichen oder antiquierten Gesetze, die man un-
wissentlich brechen könnte.

Trotzdem, wenn man möchte, daß ein Grieche etwas
tun soll, muß man es ihm verbieten. Als in den dreißiger

Jahren des letzten Jahrhunderts die ersten Kartoffeln nach Griechenland gebracht wurden, wollte die Regierung diese Nahrungsmittel der kurz vor dem Verhungern stehenden Bevölkerung von Nafplion (das damals Regierungssitz war) zukommen lassen. Tagelang fanden sich in Nafplion keine Abnehmer, da die Bevölkerung dieser ungewohnten Knolle gegenüber mißtrauisch war. Dem örtlichen Polizeichef gelang ein Geniestreich. Er stellte bewaffnete Polizisten um den Berg aus Kartoffelsäcken. Am nächsten Morgen war nicht eine einzige Kartoffel mehr da. Im allgemeinen sind griechische Polizisten sehr freundlich und hilfsbereit, wenn ihnen nicht ein Grund gegeben wird, ein anderes Gesicht zeigen zu müssen. Außer der üblichen Jagd nach Kriminellen sind die Bemühungen der Polizei hauptsächlich auf folgende Aufgaben gerichtet:

1) Sie muß den Mitgliedern der linksextremen terroristischen Vereinigung »17.November« das Handwerk legen. Die von dieser verübten politischen Attentate stürzen die Griechen stets in völliges Entsetzen. Ihre Mitglieder sind bisher nicht zu fassen gewesen, obwohl sie am hellichten Tage operierten.
2) Da sich Griechenland als bequemer Zwischenstopp zwischen den Mohnfeldern des Mittleren Ostens und den Märkten im Westen erwiesen hat, trifft die griechische Polizei die schwierige Pflicht, die Drogenkuriere abzufangen.
3) Ihr obliegt es auch, dafür zu sorgen, daß die wahren griechischen Antiquitäten nicht in dem Gepäck harmlos aussehender Touristen außer Landes geschafft

werden, die natürlich stets behaupten, ein paar Stücke wertlosen Marmors als Reiseandenken aufgeklaubt zu haben. Diese Ausrede zählt aber nicht mehr seit den Tagen von Lord Elgin, der den halben Parthenon im Jahr 1802 abreißen und nach England verschiffen ließ. Auch er bezeichnete seine Schiffsladung als »ein paar Steine ohne nennenswerten Eigenwert«.

4) Schließlich muß die Polizei zahlloses albanisches Gesindel zusammentreiben, das wie ein Schwarm Wanderheuschrecken über Griechenland herfällt, seitdem Albanien seine Grenzen geöffnet hat, um es schließlich wieder in ihre Heimat zurückzuschicken. Ebenso wie der arme Sisyphos zur Strafe in der Unterwelt einen Felsblock einen Berghang hinaufwälzen muß, der, fast am Gipfel, jedesmal wieder herabrollt, kommen die Albaner unverminderten Mutes immer wieder illegal nach Griechenland zurück, da das gebirgige Grenzgebiet nur schwer zu kontrollieren ist. Die wirklich notleidenden Albaner erhoffen sich in Griechenland das Paradies auf Erden, wo sie – natürlich ohne Papiere – arbeiten und Geld in ihre Heimat schicken können. Die Mehrzahl allerdings gehört der albanischen Mafia an und geht ihrem altehrwürdigen Beruf nach: dem Brigantentum. Sie streifen durch das Land und die ärmeren Gebiete der Städte, wo sie alles stehlen, was nicht niet- und nagelfest ist. Schußwechsel zwischen rivalisierenden Banden und natürlich auch mit der Polizei gehören zur Tagesordnung. Ebenso muß man mit Mordaktionen und Vergewaltigungen rechnen.

Griechische Gefängnisse haben keinen guten Ruf hinsichtlich der Unterbringung, Ausstattung noch bezüglich des Essens zu verteidigen. Lediglich ausländische Gefangene werden etwas besser verpflegt. Es versteht sich von selbst, daß hier und da ein kleines Geldgeschenk den Aufenthalt verbessern kann, aber es ist dennoch empfehlenswert, sich so zu verhalten, daß man diesen Ort erst gar nicht aufsuchen muß.

Geschäfts- & Arbeitsleben

Die Griechen waren das erste Volk, das einen Gott für den Handel hatte. Hermes (später von den Römern Merkur genannt) war der Götterbote und der Patron des Handels (und der Diebe; aber man muß nicht immer voreilige Schlußfolgerungen ziehen).

Da sie auf jahrtausendelanges Training in dieser Disziplin zurückgreifen können, sind die Griechen heute Weltklasse-Geschäftsleute, besonders wenn sie außerhalb Griechenlands aktiv sind. Auf der Liste der hundert reichsten Männer und Frauen der Welt findet man eine erstaunlich hohe Anzahl Griechen.

Im allgemeinen glauben die Griechen an den freien Markt, an Fairneß im Geschäftsleben, und sie vertrauen auf die Gültigkeit des einmal gegebenen Wortes. Sie sind sehr flink und einfallsreich, wenn es darum geht, komplizierte Geschäfts- und Finanzierungsprojekte einzufädeln und durchzuziehen, und sie sind wahre Meister in der Kunst, etwas zu vermakeln. Das bedeutet, daß sie von beiden Partnern des zu vermittelnden Geschäfts bezahlt werden, ohne daß sie selbst das geringste Risiko dabei eingehen.

Wenn Griechen im Ausland tätig sind, passen sie sich

sehr schnell den dortigen Geschäftsgepflogenheiten an. In Griechenland selbst legen die Geschäftsleute alle Charakterzüge an den Tag, die die Griechen bewunderns- oder hassenswert erscheinen lassen: Sie sind voller Unternehmenslust, fleißig, genial im Improvisieren, wenn etwas schiefläuft; aber sie können sich auch als faul, unentschlossen, nachlässig oder frustrierend ineffektiv erweisen. Es gibt Beispiele, wo mit einem Minimum an Personal in Rekordzeit außergewöhnliche Erfolge erzielt wurden, allein durch Willenskraft und Genialität, und wieder andere, die man nur als Parkinsons Gesetz à la Hellas bezeichnen kann:

> Parkinson: Zwei Menschen schaffen in einer halben Stunde die Arbeit, für die ein einzelner eine Stunde braucht.
> Die Griechen: Zwei Griechen schaffen in zwei Stunden die Arbeit, für die ein Grieche eine Stunde braucht.
> Parkinson: Ein Mensch dehnt seine Arbeit so weit aus, daß sie in der vorgegebenen Zeit erledigt wird.
> Die Griechen: Ein Grieche dehnt seine Arbeit so weit aus, daß sie in der vorgegebenen Zeit plus noch einmal halb so viel an Überstunden erledigt wird.

Ein umgänglicher Manager, der weiß, wie man die bessere Seite im Griechen zum Leben erweckt, der einen Charakter hat, der stark genug ist, um sich Respekt zu verschaffen, der sich fair gegenüber seinen Mitarbeitern verhält und einmal gegebene Versprechen ihnen gegenüber einhält, wird sich der größten Loyalität und des unermüdlichen Arbeitseifers von mindestens siebzig Prozent seiner Belegschaft erfreuen.

Etwa vier Fünftel aller Firmen in Griechenland sind Familienbetriebe, was den Inhabern die Loyalität ihrer Angestellten sichert, da die meisten von ihnen dem Geschäft durch Familienbande, Freundschaft oder regionale Herkunft verbunden sind. Die richtige Empfehlung ist daher wichtiger als die entsprechende Qualifizierung, da die Griechen die Auffassung vertreten: »Es ist besser, die Fehler zu kennen, als irgendwelche Meriten nicht zu kennen.«

Die größte Gefahr für das griechische Wirtschaftsleben liegt darin, daß die Spielregeln ständig wechseln. Jede neue Regierung scheint es für eine Ehrensache zu halten, im Abstand von einigen Jahren das Steuersystem von Grund auf zu zu verändern, so daß nur ein sehr aufgeweckter Buchhaltungs-Zauberkünstler weiß, wo vorn und hinten ist, und welche Regelung wann gegolten hat und auf welchen Steuertatbestand anzuwenden ist. Ein anderes Problem liegt darin, daß die griechischen Finanzämter jedem Steuerzahler von vornherein tiefes Mißtrauen entgegenbringen und daher zu Blutsauger-Methoden greifen, um alles das zu vereinnahmen, von dem sie glauben, daß es ihnen zusteht.

Angesichts der Schlupflöcher im Steuersystem und des sprichwörtlichen griechischen Einfallsreichtums wird auch der grundsätzlich ehrliche Steuerzahler Mittel und Wege finden, dem Finanzamt ein Schnippchen zu schlagen, wenn er von ebendiesem Fiskus sowieso wie ein Gauner behandelt wird und wenn er gleichzeitig sieht, wie seine weniger skrupulösen Mitbürger glänzend dabei wegkommen.

Schwarzarbeit und Nebenjobs sind für die Griechen

eine Art nationaler Volkssport geworden, trotz der Anstrengungen aller Regierungen, dies zu unterdrücken. Man schätzt, daß das mit Schwarzarbeit verdiente Pro-Kopf-Einkommen genauso hoch ist wie das offiziell versteuerte.

Die griechische Gesellschaft ist zweifelsohne eine Männergesellschaft. Männer in verantwortungsvollen Positionen sind erstaunlicherweise weniger chauvinistisch als woanders, und Männer mit schwächerer Qualifizierung werden nur noch selten besser qualifizierten Frauen vorgezogen, nur weil sie eben Männer sind.

Es gibt inzwischen auch eine ganze Reihe von Frauen, die wichtige Führungspositionen innehaben. Ihnen wird von ihren männlichen Untergebenen in der Regel sehr viel weniger Widerstand entgegengesetzt und von Gleichrangigen oder Vorgesetzten sehr viel mehr Respekt entgegengebracht, als es beispielsweise in den Vereinigten Staaten von Amerika der Fall ist. Diese Frauen finden ihren Weg im Berufsleben, ohne bewußt ihre Weiblichkeit einsetzen oder außer acht lassen zu müssen.

In Griechenland kommen sexuelle Belästigungen kaum vor – nicht einmal die klassischen Spielchen mit der Sekretärin. Da die meisten Arbeitsplätze durch persönliche Empfehlungen oder verwandtschaftliche Beziehungen besetzt werden, kann es sich kaum jemand erlauben, deren Protegés anzumachen. Es gibt ausgeworfene Köder, aber wenn sie nicht aufgegriffen werden, werden sie auch ohne Groll wieder zurückgenommen.

In den meisten griechischen Geschäftsbeziehungen

fehlt jegliche Förmlichkeit. Irgendwelche Verhaltenscodes beschränken sich auf ein Minimum – dies gilt selbst im Verhältnis zwischen Vorgesetzten und Mitarbeitern. Ein Verleger wurde einmal von einem Freund auf das respektlose Verhalten eines seiner Drucker angesprochen. Der Verleger antwortete darauf mit entwaffnendem Lächeln: »Ich habe diesen Mann angestellt, weil er ein guter Drucker ist, nicht wegen seiner guten Manieren.« Diese Art der Unkompliziertheit hat viel tiefer gehende demokratische Wurzeln als das Duzen und Mitdem-Vornamen-Ansprechen in den meisten amerikanischen Firmen. Dies würde in Griechenland lediglich als Schaumschlägerei bezeichnet.

Natürlich geht das wenig förmliche Benehmen Hand in Hand mit einer sehr legeren Kleiderordnung. In den meisten Firmen und auch im öffentlichen Dienst ist die Kleidung eher lässig und – vor allem natürlich im Sommer – so leicht wie möglich. Einen *dress code* – wenn auch in gelockerter Form – gibt es allenfalls in Werbeagenturen und ausländischen Unternehmen mit einer Filiale in Griechenland. Absolute Tabus hinsichtlich unbekleideter Männerbeine, Sandalen, Jeans, tief ausgeschnittenen oder extrem kurzen Kleidern, T-Shirts usw., wie sie in anderen Ländern für das Büro-Outfit gelten, gibt es in Griechenland so gut wie nicht. Man könnte einen Griechen damit höchstens zum Lachen bringen, und sein Kommentar würde lauten: »Wenn meiner Firma nicht gefällt, was ich anziehe, soll sie mir gefälligst die Kleidung, die sie sich vorstellt, kostenlos zur Verfügung stellen.«

Was wird wo verkauft

Griechische Geschäfte haben die merkwürdigsten Öffnungszeiten, die sich von Tag zu Tag, von Sommer zu Winter ändern können, und manchmal hängen sie davon ab, was in den Läden verkauft wird.

Das einzige Geschäft, das stets geöffnet hat, ist der Kiosk, ein kleines Häuschen, gewöhnlich an einem verkehrsreichen Knotenpunkt auf dem Bürgersteig und stets mit vielen Zeitungen und bunten Zeitschriften bepflastert. Dort werden Zigaretten, Schokolade, Briefmarken, und Busfahrscheine verkauft sowie tausendundein Artikel von der Eiscreme über alkoholfreie Getränke bis hin zu Spielkarten, Aspirin und Kondomen, je nach dem, wie geschäftstüchtig der Inhaber ist. Wenn es sich um einen Kiosk der gehobenen Kategorie handelt, sprich, wenn der Verkaufsschalter sich in der Öffnung einer Hauswand befindet, dann gibt es nichts, was man dort nicht kaufen kann.

In manchen Geschäften gibt es die merkwürdigste Kombination von Warenangeboten. In Apotheken (*pharmakíon*) werden außer Medikamenten auch Kosmetika und sogar orthopädische Sandalen angeboten; und es gibt Bäcker, die auch Milch, Joghurt und Erfrischungsgetränke anbieten. Bäckereien stellen gegen ein geringes Entgelt sogar ihre Öfen zur Verfügung, so daß dort die vom Kunden zubereiteten Speisen oder Backwaren fertiggestellt werden können. Auf Wunsch verleihen sie auch ihre großen schwarzen Bleche.

Weine und Spirituosen werden in allen Lebensmittelgeschäften verkauft, da hierfür keine gesonderte Lizenz erforderlich ist. Hier gibt es keine festgelegten Öffnungszeiten. Eine Ausnahme bilden die Tage, an denen Wahlen abgehalten werden. Dann kann man zwar Alkohol kaufen, ihn mit nach Hause nehmen und dort trinken, in öffentlichen Lokalen wird aber nichts ausgeschenkt, es sei denn, man kann den Kellner dazu überreden, einen Whisky in einer Kaffeetasse zu servieren.

Wer zuletzt lacht ...

Es gibt eine bekannte, witzige Geschichte, deren Pointe eine Art Signal geworden ist: »Höchste Zeit, daß wir wieder an die Arbeit kommen!« faßt den Charakter der Griechen und ihre Fähigkeit, auch in jedem Schlechten noch etwas Gutes zu sehen, besonders deutlich zusammen:

Ein Mensch stirbt und kommt in die Hölle. Es sieht, daß in der Hölle überall große Kübel voller Scheiße stehen, in denen all die Sünder stecken, die auf den Jüngsten Tag warten. Einmal pro Stunde ist es ihnen erlaubt, aufzutauchen und Luft zu holen. Dann rufen gigantische Neger, die bei jedem Kessel die Aufsicht führen, wieder: »Köpfe rein!« Wer diesem Befehl nicht augenblicklich Folge leistet, dem wird mit einer grotesken hölzernen Schöpfkelle auf den Kopf geschlagen. Die einzelnen Kessel sind im großen und ganzen den Angehörigen der jeweiligen Völker oder Länder vorbehalten.

Da der Neuankömmling während seines irdischen Daseins aber nur ein schwacher Sünder war, darf er sich den Kessel, in dem er die Wartezeit bis zur Ewigkeit verbringen will, aussuchen.

Der Mann denkt scharf nach und läßt dann den Erzteufel wissen, daß der Schweizer Kessel wahrscheinlich der angenehmste wäre – ruhige, nette Leute, ordentlich, wahrscheinlich sogar etwas sauberere Scheiße ...

»Hör mal zu«, rät der Teufel. »Ich mag dich, also denk noch mal darüber nach. Geh nicht zu den Schweizern. Ihr Kessel funktioniert wie ein Uhrwerk. Du bekommst deinen Atemzug pro Stunde, und das war's. Geh lieber zu den Griechen.«

»Aber«, entgegnet der Mensch verzweifelt, »die Griechen sind doch so laut, so unordentlich, unzuverlässig und völlig unmöglich!«

»Genau! Deshalb sind sie jetzt auch besser dran als alle anderen. Ihre tägliche Ladung Scheiße kommt niemals pünktlich. Meist kann morgens die Kelle nicht gefunden werden. Der Aufseher ist entweder eingeschlafen oder in ein hitziges Gespräch mit ihnen verwickelt, so daß er vergißt, das Kommando zum Untertauchen zu geben. Andauernd befindet sich der Aufseher im Streik und fordert bessere Arbeitsbedingungen! Auf die eine oder die andere Art bekommen so die Griechen mehr frische Luft als alle anderen Sünder zusammen.«

»...Pauschal«

Martin Betz
**Die Berliner
pauschal**
Band 14052

Paul Bilton
**Die Schweizer
pauschal**
Band 13492

Rodney Bolt
**Die Holländer
pauschal**
Band 13494

Stephanie Faul
**Die Amerikaner
pauschal**
Band 13391

Alexandra Fiada
**Die Griechen
pauschal**
Band 13764

Oliver Hofmeyer
**Die Sachsen
pauschal**
Band 14053

Ken Hunt
**Die Australier
pauschal**
Band 13491

Louis James
**Die Österreicher
pauschal**
Band 13392

Felix Janosa
**Der Ruhrpott
pauschal**
Band 14054

Sahoko Kaji
**Die Japaner
pauschal**
Band 13871

Ulrike Krawczyk
**Die Franken
pauschal**
Band 14055

Drew Launy
**Die Spanier
pauschal**
Band 13396

Antony Miall
**Die Engländer
pauschal**
Band 13493

Wolf Reiser
**Die Bayern
pauschal**
Band 14051

Martin Solly
**Die Italiener
pauschal**
Band 13395

Wolfgang Thon
**Die Hamburger
pauschal**
Band 14056

N. Yapp / M. Syrett
**Die Franzosen
pauschal**
Band 13393

Stefan Zeidenitz/
Ben Barkow
**Die Deutschen
pauschal**
Band 13394

Fischer Taschenbuch Verlag

fi 7000 / 4